ARCHITECTURE ET ARTS DÉCORATIFS

Collection publiée sous la Direction de M. Louis HAUTECŒUR

LA
VERRERIE FRANÇAISE

DEPUIS CINQUANTE ANS

PAR

LÉON ROSENTHAL

DIRECTEUR DU MUSÉE DE LA VILLE DE LYON

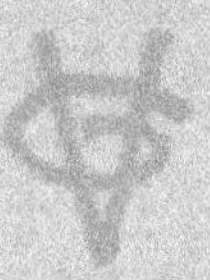

PARIS ET BRUXELLES

G. VANOEST, ÉDITEUR

LA
VERRERIE FRANÇAISE
DEPUIS CINQUANTE ANS

ARCHITECTURE ET ARTS DÉCORATIFS

Collection publiée sous la direction de M. Louis HAUTECŒUR

LA
VERRERIE
FRANÇAISE

DEPUIS CINQUANTE ANS

PAR

LÉON ROSENTHAL

CHARGÉ DU COURS D'HISTOIRE DE L'ART MODERNE A LA FACULTÉ DES LETTRES
DIRECTEUR DES MUSÉES DE LA VILLE DE LYON

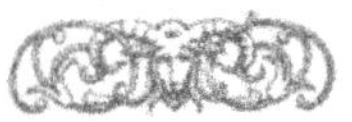

PARIS ET BRUXELLES

G. VANOEST, ÉDITEUR

1927

LA VERRERIE FRANÇAISE
DEPUIS CINQUANTE ANS

Les caprices de la mode font, à l'heure actuelle, reparaître dans les vitrines des antiquaires, les flacons et les vases de verre qui ornèrent les intérieurs pendant les trois premiers quarts du XIXᵉ siècle. Le musée des Arts et Métiers en possède une ample collection. La découverte relativement récente du cristal fabriqué en France par la cristallerie de Baccarat depuis 1765 donnait à la limpidité de la matière incolore parfaitement translucide un prestige analogue à celui qui entourait la porcelaine. L'extension des procédés de fabrication mécanique faisait attribuer du prix à la régularité des formes. Ainsi disparurent les hasards heureux et la saveur des pièces populaires. Les verres épais de Bohême taillés, gravés, parfois doublés et les verres minces d'Angleterre jouissaient d'une grande vogue avec laquelle, en France, rivalisait surtout la cristallerie de Baccarat. L'ensemble de pièces typiques que la cristallerie de Baccarat et celle de Saint-Louis offrirent au Musée des Arts et Métiers, en 1853, permet de porter un jugement sur l'art du verre au milieu du XIXᵉ siècle.

Sans doute on doit déplorer la monotonie et la lourdeur des formes imitées trop souvent des balustres, un décor géométrique et pauvre réduit à des filets ou des rubans d'or, la coloration fade des verres opalins, la vulgarité des verts et des bleus, l'effort pour simuler la porcelaine ou l'albâtre, la mode puérile des presse-papiers à millefiori. Il faut reconnaître toutefois, à défaut de goût et de direction artistique, un esprit de recherche et une grande variété technique. Verres doublés, triplés, à filigranes, à draperies d'émail, à millefiori, verres jaspés, gravés, moulés en creux ou en relief, applications même de pâtes de verre, témoignaient une remarquable ingéniosité. Les tentatives pour imiter les matières dures, la collection des pierres précieuses en simili constituée par Savary et Mosbach en 1851, l'essai, plus subtil, de contrefaire un fruit, ou un lézard, les plaques de verre décorées, pour le commerce, par Robin, de fleurs et de rinceaux en émaux opaques, tout cela constituait un ensemble de riches possibilités. Près de vingt-cinq ans, cependant, devaient se passer avant que jaillît l'étincelle.

C'est à l'Exposition universelle de 1878 que se montrèrent les premiers signes d'une rénovation. L'exposition consacrait la célébrité des verreries anglaises, bohémiennes ; elle affirmait l'ingéniosité technique et la puissance des cristalleries de Baccarat et de Saint-Louis. Celles-ci s'étaient livrées à de stériles tours de force, produisant des pièces immenses sans destination pratique possible, du genre du fameux escalier de cristal. Mais, à côté de ces exploits inutiles, Baccarat exposait quelques objets dont les formes et le décor, empruntés à la Renaissance, à l'Orient Musulman ou à l'Extrême-Orient, indiquaient une recherche d'art véritable, ainsi cette aiguière imitée du célèbre vase en cristal de roche du trésor de Saint-Denis ou cette pièce égayée par un paysage gravé à l'imitation des estampes japonaises. Sans doute, ce n'étaient que des pastiches, mais la fureur d'imitation qui sévissait alors sur tous les arts appliqués et y ruinait tout essor allait, dans le domaine de la verrerie, devenir libératrice. Il est vrai qu'en cet ordre l'étude des formes entraînait à scruter les techniques. L'admiration, d'ailleurs, allait se porter non exclusivement ni même principalement, sur les arts classiques, mais, d'abord, sur les arts asiatiques. Ceux-ci étaient, on le sait, l'objet d'un engouement récent. On s'était épris des lampes de mosquées ou des flacons chinois. Le verre n'allait pas seul être consulté : les estampes japonaises, la céramique chinoise fournissaient des suggestions pour les formes et les décors. Les jades du Palais d'Été aussi bien que les gemmes des collections de la couronne exposées, au Louvre, dans la galerie d'Apollon, suscitaient le désir d'obtenir, par le verre, les sensuelles jouissances que donne la belle matière.

Dans la section italienne on applaudissait aux manifestations de Salviati qui, depuis 1866, avait entrepris, à Murano, de ressusciter la verrerie de Venise avec ses pratiques subtiles, ses tours de mains, ses fantaisies fragiles et prestigieuses. Dans leur nouveauté ces élégances acrobatiques donnaient une sensation de fraîcheur. Elles incitaient à la libre recherche. On remarquait que Salviati, avec des moyens industriels très réduits, avait obtenu des résultats artistiques que les rois de la cristallerie ou du verre, les Webb en Angleterre, les Lobmayr en Autriche étaient loin d'égaler.

Ce n'est pas, en effet, par la puissance industrielle que le verre allait prendre son essor. L'industrie songeait, avant tout, à la production des pièces d'usage, verrerie de table, de toilette, de garniture de cheminée. Sans doute elle créait des produits de luxe et elle était intéressée à développer, chez la clientèle, le désir d'objets coûteux. Mais elle ne croyait pas possible d'élever les prix au delà d'une certaine limite et, par conséquent, elle ne pouvait, sauf d'une façon exceptionnelle, pour un objet d'exposition, par esprit de réclame, pousser très loin des expériences et des recherches coûteuses. Le même sens des réalités immédiates la conduisait à suivre les tendances du public plutôt que de chercher, au risque d'un échec commercial, à imposer une esthétique inédite.

Pour régénérer le verre, il fallait des esprits enthousiastes épris d'une matière dont ils devineraient les possibilités infinies, magiciens et poètes capables d'inscrire leurs inspirations ou leurs rêves dans la pâte en fusion balancée au bout de la canne du souffleur. Brisant les hiérarchies traditionnelles, le verre, par leurs soins, devait être paré, être choyé à l'égal des pierres précieuses ; il devait prendre rang parmi les joyaux. Digne support des plus hautes imaginations, il rivaliserait avec la toile, le bronze ou le marbre.

Artistes à la fois et artisans, chimistes passionnés par les recherches de laboratoire, capables de multiplier les tâtonnements, affrontant les insuccès, acceptant les sacrifices auxquels l'industrie ne peut consentir, audacieux et chimériques, il allaient provoquer un mouvement d'une envergure inouïe et inattendue et porter, en quelques années, le verre à des sommets qu'aucune époque antérieure n'avait envisagés. Créant des chefs-d'œuvre dont l'art s'enorgueillit, c'est par eux aussi que la verrerie d'usage allait se régénérer et qu'elle allait étendre son domaine de la façon la plus large et parfois la plus imprévue.

Deux des artisans de cette révolution véritable avaient exposé en 1878 ; l'un, Brocard, qui jouissait, déjà, d'une grande notoriété, l'autre à ce moment à peu près inconnu et qui s'appelait Emile Gallé.

Brocard, que nous pouvons tenir pour le précurseur du mouvement, s'était, depuis plusieurs années, attaché à l'étude des verres musulmans et il était parvenu à retrouver le secret des émaux durs colorés en plein, des Arabes. Il put ainsi copier des lampes de mosquées de façon presque parfaite, au point de tromper des érudits. A ces copies il associa bientôt des pastiches parmi lesquels se glissèrent quelquefois des réminiscences de la Renaissance. Il y apportait un soin, un goût de la technique exemplaires, il maniait les émaux avec une discrétion, un sens de la couleur, une finesse mesurée par quoi il tranchait sur ceux qui s'aventurèrent dans la même voie. Les plats et les vases dont il empruntait le système à l'orient musulman, ornés d'un réseau léger ou de gouttelettes d'émaux opaques, gravés, dorés sur un verre neutre ou à peine coloré, avec leurs entrelacs et leurs rinceaux grêles, leur aspect délicat, un peu timide, un peu menu, n'ont pas perdu leur agrément. Brocard, pendant longtemps, se contenta de cet art un peu limité ou monotone qui avait du succès. C'est seulement quand ses jeunes émules se furent déclarés qu'il s'enhardit à faire œuvre originale. Il subit alors l'influence des conceptions de Gallé, interpréta librement la flore : gui, orchidées, monnaies du pape, pensées..., inscrivant parfois des légendes sur le verre. En même temps sa technique devint plus variée : les émaux translucides y jouèrent un rôle essentiel, il usa plus souvent du verre coloré dans la masse. Il lui arriva de manier la pâte de verre.

Didron, dans son rapport sur l'Exposition de 1878, signalait l'effort de Brocard en regrettant qu'il se bornât à des réminiscences, il appelait de ses vœux l'apparition d'un art pleinement libéré et reconnaissait en Gallé l'homme capable d'accomplir l'action nécessaire. Gallé allait bientôt confirmer et dépasser ces espérances.

Les années qui suivirent 1878 marquèrent une véritable effervescence : pastiches de verrerie ancienne, recherches de formes et de décors originaux ; il s'y dépensait, souvent, plus de bonne volonté que de goût. La cristallerie de Pantin, dirigée par Monod et Stumpf qui, en 1878, avait exposé des verres craquelés métallisés en chiné d'or, empruntait pour ses vases gravés des motifs à l'Extrême-Orient, ou imitait les verreries de Venise. Boutigny copiait les vidrecomes germaniques et couvrait des vases de fleurs librement traitées en émaux mais sans légèreté ni esprit. Jean procédait d'une façon analogue et avec une semblable médiocrité, avec quelques souvenirs de la Perse, capable de hardiesse dans les formes, sans discernement. La cristallerie de Sèvres, sous la direction de Landier et Houdaille, déployait une grande activité, une très grande variété technique, imitant la Bohême et Venise, multipliant les tentatives, faisant, au milieu d'une production très inégale, parfois preuve d'une certaine élégance.

Tout cela s'effaça devant le succès retentissant de Rousseau et de Gallé à l'Exposition organisée, en 1884, par l'Union centrale des arts appliqués. Oublieux des manifestations antérieures qui auraient pu les préparer, les visiteurs de cette exposition mémorable eurent « comme une sorte de révélation d'un art nouveau ». Nous pouvons à notre tour saluer comme une date décisive cette année où s'affirma la victoire du verre.

Les deux triomphateurs de 1884 ont eu des destinées bien différentes. Gallé a connu la popularité et son nom est demeuré glorieux. Rousseau, dont la notoriété ne fut jamais très étendue, est, à l'heure actuelle, presque totalement oublié. Cette gloire est légitime ; cet oubli est injuste. Avec des tendances différentes et une envergure inégale, les deux artistes ont mené un pareil combat.

Tous deux admiraient et scrutaient l'art des vieux verriers, tous deux chimistes hardis, techniciens raffinés, capables des tours de main les plus surprenants, ne travaillaient la matière que pour satisfaire leur esprit. Imagination, technique, décor se liaient, pour eux en un accord intime. Ils pensaient par le verre comme d'autres par la couleur ou par le marbre.

Rousseau, né en 1827, arrivait sur le tard à la verrerie. A la tête d'un magasin de céramique il y avait fait acte de goût et d'initiative. C'est lui qui avait édité le fameux service de Bracque-

mond. Quand le verre le séduisit, il se contenta d'abord, à partir
de 1867, de fournir des dessins ; puis il fabriqua lui-même. Il
avait un instinct de puissance, un besoin de formes robustes,
massives, simples et nobles, d'effets graves et profonds, l'amour
sensuel de la matière riche. Il consulta, pour le galbe de ses vases,
la Renaissance et l'Extrême-Orient, ne bornant pas son enquête
à la verrerie, interrogeant la céramique, l'orfèvrerie même. Ce
vase quadrangulaire en cristal, sur lequel est gravé avec une
sobriété légère une tige de bambou, orné d'une bague renflée
couverte d'un rinceau de fleurs en émaux opaques, daté de 1878,
le montre capable de tirer des effets nouveaux de techniques
éprouvées. Il y ajouta bientôt des procédés métamorphosés par
l'usage qu'il en faisait ou absolument neufs. Le verre doublé dont
le touret aidé par l'acide dégage des décors en camées n'était
plus à inventer, mais il y avait tant de distance entre les pratiques courantes et sa souple et complexe virtuosité que les
contemporains l'admirèrent à l'égal d'une découverte. Sur une
couche neutre, il aimait à enlever le motif dans une couche
presque opaque d'un rouge corail ou brique. Il sollicita avec insis-
tance la collaboration du feu, réchauffant à plusieurs reprises la
pièce à l'ouvreau, pour ramollir la matière et la plier à ses desseins.
Le verre, craquelé intérieurement, s'enveloppa d'un réseau lumi-
neux et subtil ; des paillons d'or scintillèrent mêlés à la pâte. Des
feuilles d'or interposées sous des motifs en relief leur donnèrent
une profondeur singulière.

Ainsi que presque tous les verriers il fut séduit par la tentation
de simuler les gemmes, jades, agates, sardoines, effort périlleux
s'il conduit à déguiser la matière, source d'invention féconde si
le verre n'y abdique pas ses vertus propres. Par le manganèse,
il obtint les tons languissants de l'améthyste. Mais, surtout, il
se créa une matière à lui, sorte de quartz veiné aux effets à la

fois somptueux et subtils. Des poussières de verre, des oxydes métalliques projetés ou disséminés dans l'épaisseur du verre translucide y font jouer des coulées jaunâtres, sanglantes ou vertes. Plus rarement des métaux se ramifient en arborescences dans la masse.

Il apparut, en 1884, en pleine possession de son talent. Il exposait un « présentoir Louis XIV avec mascaron sur or » et une aiguière également archéologique de forme mais originale de matière que conserve le Musée des Arts décoratifs et aussi un « vase poisson en verre fumé doublé d'un verre brun rouge imitant la sardoine » où une carpe, inspirée par le Japon, se jouait dans les flots, vase de tout point admirable, ainsi que deux vases « agathe incrustés d'oxydes d'or et de cuivre avec doublure de verre brun » dont l'un s'égayait de papillons. Le bol à rinceaux gravés, que nous reproduisons, avec ses salissures, ses jeux obscurs se rapproche d'une pierre dure ; un vase, coupe à pied, taillé en spirales conservé au Musée des Arts et Métiers, presque opaque, est d'une noble vigueur.

Rousseau s'appliqua aussi à rénover la verrerie de table. En cet ordre, il chercha moins à dessiner des formes inédites qu'à rompre avec la banalité courante, s'inspirant de modèles oubliés et appliquant au verre les artifices inventés par les orfèvres, modelant des vidrecomes ou ce service Renaissance en verre fumé inspiré des vases ecclésiastiques en orfèvrerie et dont les reliefs imitent des bagues ou des cabochons. En 1885 Rousseau s'associa Léveillé qu'il initia à son art, et lorsque Léveillé demeura seul, il continua à produire des œuvres remarquables, selon les traditions de son maître, avec une tendance, peut-être, à plus de vivacité, de brillant et moins de profondeur.

Rousseau est mort en 1891. Il mérite de demeurer, moins par les décors et les formes qui, pourtant, sont toujours choisies pour mettre en valeur « sa matière magique » que par la puissance, l'originalité de ses conceptions, par la qualité particulière de sa sensualité. L'indifférence où on le laisse est injuste : par beaucoup de côtés il répond aux tendances de notre temps ; il est le véritable précurseur de Marinot.

Emile Gallé était né en 1846 à Nancy. Son père, Charles Gallé, fabriquait de la gobeletterie de table et avait réorganisé la faïencerie de Saint-Clément. Emile Gallé, au sortir du lycée, fit de 1862 à 1866 un long séjour en Allemagne surtout à Weimar. Il apprit le métier de verrier, en 1866, à Meisenthal. En 1870, il collaborait, à Saint-Clément, à la fabrication de faïences rustiques. En 1872 il visite Londres, s'intéresse au musée de South Kensington et au jardin botanique. A son retour, il s'arrête à Paris où il étudie longuement les gemmes de la couronne, au Louvre, dans la galerie d'Apollon. En 1874, il créait, à Nancy, une verrerie et décidait son père à se joindre à lui. Désormais sa vie allait s'écouler dans cette usine consacrée à des recherches ardentes, où se déploya le génie le plus original, le plus fécond et le plus noble.

Dès 1865 il avait donné des dessins pour la gobeletterie paternelle. En 1867, il aborda le travail du verre, pratiqua la gravure, appliqua des émaux. Dès ce moment, en s'assimilant les techniques contemporaines et en scrutant les méthodes anciennes, il travailla à étendre son langage, multipliant les expériences de laboratoire et tentant des manipulations chaque jour plus complexes et plus audacieuses. Jamais satisfait des résultats acquis, il devait poursuivre jusqu'au dernier jour, ces expériences de chimiste et d'artisan. Les notices qu'il soumit au jury des Expositions de 1884 et de 1889 permettent d'entrevoir l'étendue de son apport. Pour en entreprendre l'analyse détaillée il faudrait une compétence analogue à la sienne, des développements très étendus ; le lecteur non spécialisé s'en trouverait dérouté : loin de contribuer à l'intelligence de son œuvre on la ferait paraître plus mystérieuse encore.

Au début, il avait désiré de nouvelles colorations de la matière transparente et il avait obtenu, par l'emploi de l'oxyde de cobalt, un ton délicat de saphir, dit clair de lune, qui eut un très grand succès à l'Exposition de 1878 et fut immédiatement à la mode non seulement en France mais en Allemagne et en Angleterre. Il continua ces recherches en sollicitant des métaux nouveaux coûteux et rares : iridium, thallium, aussi bien que le cuivre, l'argent ou le soufre. Mêmes efforts, et plus complexes, pour les émaux. Emaux durs, opaques, colorés en plein, émaux translucides, il se préoccupait de leur solidité, de leur adhérence, enrichissait sa palette, lui donnant progressivement une étendue, une souplesse, une richesse, une délicatesse de nuances infinies. En 1889, il peut proclamer « qu'il n'est guère de nuances, si fugitives soient-elles, que sa palette d'émaux en relief sur le verre ne reflète, depuis l'orangé, le rouge de cire à cacheter jusqu'au violet et au pourpre. » Il se préoccupait aussi de la technique de la gravure, condamnait l'usage des acides et préconisait le touret, l'émeri, procédés employés pour les intailles sur pierre fine avec lesquelles il entendait rivaliser. Dans cette première étape, en somme, le verre, transparent, très légèrement teinté, paré d'émaux et gravé est vraiment l'expression de son art.

En 1884, dans une étude vive et spirituelle publiée par la Revue des Arts Décoratifs et où, peut-être, il visait Rousseau, Gallé mettait les verriers en garde contre la tentation de contrefaire les matières précieuses ; il condamnait des pratiques par lesquelles le verre « perd sa transparence et sa lucidité même, c'est-à-dire deux de ses qualités propres les plus merveilleuses ». Pourtant, dès cette époque il était attiré par ces jeux dangereux et, peu à peu, une évolution allait se prononcer où il abandonnerait l'usage du cristal ou du verre transparents, neutres ou faiblement colorés, pour y substituer le goût de matières colorées d'une façon intense, diversifiées dans leur masse, se refusant au passage de la lumière, souvent à peine translucides, parfois presque absolument opaques. En même temps le décor, qui, gravé ou émaillé, paraissait, plus ou moins, surajouté à l'objet, va tendre à s'y incorporer totalement à faire partie de sa structure.

Il use de tous les procédés connus et il les complique par des raffinements nouveaux, par des manipulations chaque jour plus téméraires : le verre est doublé, triplé, injecté d'oxydes métalliques, des feuilles d'or ou d'argent y sont insinuées, des bulles d'air prises dans la masse obéissent à la volonté de l'artiste, des cabochons sont appliqués, des parties différentes sont soudées. La pièce présentée, plusieurs fois, à l'entrée de l'ouvreau est ramollie par le feu pour se prêter à une imagination qui ne se satisfait point. Vers 1897, usant d'une façon plus ample d'un procédé audacieux qu'il avait déjà tenté, Gallé incorpore dans le verre ramolli des morceaux de verre ou d'émaux d'autre coloration, d'autre contexture, et constitue une sorte de marqueterie de verre selon son expression. La pièce, couverte de reliefs, formée par l'association, que le feu a scellée, d'éléments hétérogènes, est une symphonie véritable à laquelle participent toutes les structures qu'est susceptible de revêtir la matière vitrifiée. L'artiste n'est pas encore satisfait. Dans un nouveau stade, le dernier, parce que la mort ne lui a pas permis de chercher davantage, autour de 1900, il entreprend de patiner le verre, de l'envelopper dans des gangues, le souiller, le mater ou le ternir. Des dévitrifications partielles introduisent dans la masse vitreuse des effets de brouillard et de paillettes neigeuses.

Ainsi conçue la gestation d'un vase s'entoure de périls inces-

sants. Présenté plusieurs fois au feu, les accidents se multiplient ;
l'amalgame d'éléments étrangers qui réagissent différemment
à la chaleur provoquent des ruptures ; un travail moléculaire
s'accomplit sournoisement. La pièce, intacte la veille, est retrou-
vée, le lendemain, en morceaux. Si le vase a échappé à ces dan-
gers, il arrive enfin que, tandis que le ciseleur achève de le par-
faire, l'échauffement par le touret provoque, au dernier moment,
la fêlure fatale.

De tels hasards menacent, sans doute, tout verrier. Gallé en
a accumulé à l'infini les risques. A l'Exposition de 1900, il avait
mis sous les yeux du public un four autour duquel des fragments
brisés indiquaient à quel prix il produisait ses chefs-d'œuvre.

Œuvres uniques, nécessairement, pour lesquelles il n'aurait pas
été possible de concevoir un outillage industriel, œuvres d'un éta-
blissement extrêmement onéreux. L'artiste, il est vrai, animé d'un
sens social généreux, désireux de voir se répandre la beauté dans
tous les milieux, avait entrepris la production en séries de vases à
deux couches pour lesquelles il employait la gravure à l'acide
qu'il avait, à ses débuts, condamnée ; mais ces vases, quel qu'en
fût le mérite, ne reflétaient qu'une très faible partie de son art
complexe.

Cet art, malgré sa virtuosité, aurait pu demeurer assez indiffé-
rent, tant d'inventions chimiques et techniques seraient restées
stériles si Gallé n'avait eu d'autres dessein que d'exhiber des
tours de force. Mais sa science et sa dextérité étaient au service
d'une pensée singulièrement attachante, et ces moyens compliqués, inattendus, précieux et rares étaient nécessaires à l'expression d'une intelligence et d'une âme de qualité exceptionnelle.

A ses débuts il s'était, comme Rousseau, inspiré, à la fois, de
la Renaissance et de l'Extrême-Orient. Deux vases, parmi ceux
qu'il exposait en 1878, conservés au Musée des Arts décoratifs,

avaient cette double tendance. L'un d'eux est « une petite coupe
en verre blanc très épais, à sujets gravés, *les quatre saisons*,
d'après Raphael », et les signes du zodiaque, « et décorée d'émaux
blancs, noirs et rouges sur des bandeaux en relief simulant des
montures d'orfèvrerie ». Il est, ainsi que la coupe en forme de
coquille parée d'un camée, le type de cette production où Gallé,
déjà exécutant incomparable, montre plus de compréhension que
de spontanéité. Le vase en forme de conque dont le décor gravé
représente des enfants chevauchant des colimaçons, le pied cerclé
de bagues émaillées, est postérieur de trois ou quatre années : il
montre des velléités d'indépendance et dans la forme qui, moins
strictement empruntée, tend à s'affranchir des profils classiques, et
dans le décor dont la fantaisie s'apparente à ces caprices d'imagination lorraine que Gallé a surtout déployés comme céramiste.
L'autre souvenir de 1878 est un vase en forme de boule, bleuâtre,
à côtes torses, émaillé, décor carpe et végétation. Ici c'est l'admiration pour l'Extrême-Orient qui s'exprime sans réticences. C'est
de ce côté que Gallé va trouver sa voie, et l'exemple des Japonais
dont il imite les pratiques va l'enhardir à traduire, par ses yeux
et par ses moyens propres, ce sentiment intense de la poésie
naturelle qu'il ressent avec autant de vivacité et de spontanéité
que ses inspirateurs. Pendant longtemps encore il se jouera à les
évoquer. Ce maître original se complaît à des pastiches que lui
suggère sa large érudition. Il aime par des entrelacs dorés et
des sujets émaillés à rappeler les broderies subtiles et les minia-
tures aux élégances souveraines des manuscrits persans, et c'est
là une série particulièrement précieuse ; parfois encore, il
s'amuse à des sujets médiévaux.

Le célèbre vase Orphée, en 1889, semble marquer une transition :
la forme a encore la régularité, l'ordonnance classique, et cette
ordonnance, Gallé, qui s'en détache progressivement, est sur le

point de la répudier. La matière, au contraire, par sa résonance
sourde, par ses harmonies funèbres qui s'accordent pleinement
avec le sujet, annonce le renoncement aux vertus d'abord seules
prisées. Le sujet indique une envergure nouvelle, et, par certains
côtés, il dit tout ce que va devenir Gallé. Mais les figures pour
lesquelles l'artiste a eu la collaboration de Victor Prouvé sont un
mode d'expression qui demeurera exceptionnel et disparaîtra
bientôt, à peu près complètement. C'est par la flore et par la
faune qu'en sa maturité son art va s'épanouir.

Passionné pour la nature et surtout pour les plantes, adonné à
la botanique et à l'horticulture, ami des jardiniers nancéiens dont
les créations lui ont inspiré de belles pages, Gallé voit dans
l'étude des formes naturelles une source perpétuelle d'invention
et d'originalité. Il veut que l'artiste les consulte sans cesse pour
se défendre contre la routine et contre l'emprise du passé. Lorsque
l'autorité qu'il exerce autour de lui le consacre chef de l'École de
Nancy il ne donne, à ceux qui l'écoutent, pas d'autres principe
essentiel, avec le dogme de l'unité de l'art, que la méditation
individuelle, l'observation scientifique des modèles vivants. Il vit
au milieu de plantes magnifiques et veut, pour ses ouvriers
comme pour lui-même, que son usine surgisse parmi un jardin
choisi.

Verrier, céramiste et créateur de meubles, dans les trois
domaines où son activité s'exerce il célèbre, par ses œuvres, un
hymne à la nature. C'est la vie de la plante, de l'algue et, par delà
la plante, l'algue ou le papillon, ce sont les palpitations de la terre
même, de ses plaines, de ses forêts, le frémissement des grands
espaces balayés par les vents, sillonnés de nuages, les obscures et
mystérieuses agitations de l'abîme marin qu'il prétend enserrer
dans un vase ; et il veut encore, sondant dans le passé lointain,
évoquer les origines de la vie.

Dès lors les formes de ses vases brisent toute formule géométrique, ne s'inscrivent dans aucun gabarit connu. L'observation commande. Elle lui inspire ses trouvailles et ses erreurs. Le vase reprend parfois une forme végétale : il est une capsule, une corolle, un calice, un bulbe. Dans cet ordre il y a presque toujours un jaillissement, une allégresse rares. Parfois l'élément naturel s'hypertrophie : une violette gigantesque devient une coupe et, ces jours-là, la réussite est inégale. Mais voici que la pensée se fait complexe et, pour la rendre sensible, ce n'est plus une imitation littérale, c'est une interprétation qui apparaît nécessaire. Cette interprétation, il faut le dire, est très inégale. L'artiste a désappris le sens de l'architecture. La poursuite ardente de la vie l'entraîne, à certains jours, à méconnaître des lois élémentaires d'équilibre, de simplicité surtout. L'usage nouveau qu'il fait du décor en relief y contribue. Cabochons, médaillons, camées ou masques avaient, avant lui, des formes déterminée, ils occupaient une place mesurée, étaient répartis selon un rythme régulier. Il leur attribue des silhouettes, des volumes imprévus, les applique au point où son génie les désire ; ils compteront à peine matériellement tout en ayant une signification essentielle comme dans la merveilleuse coupe à la libellule ; ils se gonfleront, envahiront les flancs du vase, comme dans le cornet aux liliums ; ils en viendront à recouvrir toutes les parois, à devenir, pour ainsi dire, le vase même transformé en sculpture de verre aux aspects imprévus, compliqués, parfois d'un bonheur extrême, parfois inquiétants.

Cependant cet observateur scrupuleux, ce poète naturaliste, est en même temps épris d'idéal. Les formes, à travers leur beauté visible, prennent volontiers pour lui une signification spirituelle ou mystique. Il participe au mouvement symboliste. Ame généreuse, exaltée, chevaleresque, il réalise ce paradoxe d'exprimer par des vases de verre, ses convictions religieuses, ses aspirations patriotiques, sa foi civique : au moment de l'affaire Dreyfus, il fait des vases de combat, des vases dreyfusards ! Il n'est pas apparu, au reste, à ses contemporains qu'il ait échoué dans ces ambitions puisqu'on lui a commandé tour à tour un vase pour célébrer l'Alliance Russe et un autre pour glorifier Pasteur (1893). Il a lui-même raconté comment la méditation de la doctrine pastorienne, l'appel mystérieux du « grand visionnaire » Victor Hugo l'avaient guidé dans la genèse d'une œuvre où il tentait à la fois de rappeler les hypothèses empiriques détruites, les microbes découverts et vaincus, le caractère bienfaisant de la science. Ces lignes, qu'il faudrait pouvoir intégralement citer, éclairent, d'un jour singulier, cette imagination pénétrante et chimérique, moins étonnante, peut-être par son raffinement unique que par son ingéniosité à se transcrire en images visibles. On les lira dans ses *Ecrits pour l'art* avec les notices, plus courtes mais toutes suggestives, par lesquelles il a, à plusieurs reprises, commenté ses créations.

Rien d'étonnant qu'il ait souvent inscrit au flanc du vase un vers ou un distique empruntés à ceux des poètes par le verbe qu'il préférait. Ces épigraphes, que l'on a raillés, n'étaient ni manie de bel esprit, ni superfétation postiche. Elles faisaient écho à sa propre pensée ; elles la traduisaient dans un langage plus accessible au public. Ainsi les paroles d'un lied nous guident et nous révèlent en partie les intentions du musicien.

L'Exposition universelle de 1900 consacra la gloire de Gallé. Dans les sections étrangères on distinguait l'Américain Tiffany et l'Allemand Koepping, tous deux familiers de nos galeries et de nos expositions. Tiffany avait mis à la mode un verre irisé, « favrile glass », qu'il employait pour des vases de formes très variées sinon originales. Koepping, usant d'une technique vénitienne, campait des verres à pied comme des fleurs sveltes escortées de feuillages aux incurvations précises et dures. Son art très limité et très personnel participait au sentiment naturaliste de l'École de Nancy. Partout, à l'étranger comme en France, l'influence de Gallé était manifeste. Depuis longtemps, avec plus ou moins de bonheur, des imitateurs exploitaient le « genre Gallé ». A Nancy même, dans l'atmosphère que le maître avait développée, s'était faite toute une floraison qui dépendait presque entièrement de son rayonnement. Daum, avec de puissants moyens industriels, accomplissait, dans son sillage, quelques efforts de technique et de décor et répandait dans le public une production d'une tenue honorable qui contribuait à soutenir le goût de la verrerie. D'autres, qui avaient passé par l'atelier de Gallé, ouvraient des ateliers plus ou moins éphémères.

Cependant un vétéran du verre qui s'était distingué depuis 1884, Reyen, achevait une carrière très particulière. Sans fabriquer lui-même il avait fait d'abord exécuter sur ses indications des plaques de verre à deux ou plusieurs couches, puis des plaques et des vases, et il en dégageait, avec une rare habileté technique, des compositions très diverses, portraits, paysages, tableaux de genre ou fantaisies agrestes d'un goût parfois très délicat. Il appliquait au verre les procédés des graveurs sur pierres fines et l'on admirait son talent en regrettant l'usage ingrat qu'il en faisait.

Au milieu du bouillonnement perpétuel de son invention intarissable, Gallé ne s'était pas désintéressé des usages pratiques de la verrerie. Il avait composé des services de table en verre mince légèrement teinté, gobelets aux formes simples quasi rustiques, avec des côtes torses et de légers motifs d'or, dont le succès fut limité sans doute parce que leur raffinement discret échappait au public habitué à la morgue vide du cristal taillé. Le développement de l'éclairage électrique lui avait inspiré des tulipes somptueuses et des abat-jours pour des lampes de table en fer forgé. La lumière y prenait des douceurs, des colorations chaudes ou mystérieuses, se modulait en effets infinis. Le goût de telles lampes ne s'est pas épuisé et, repris par des industriels peu ou point soucieux d'art, il a dégénéré aujourd'hui en une production populaire innombrable et lamentable. Ces problèmes : création d'une verrerie de table artistique, invention de formes nouvelles pour l'électricité, préoccupaient, à ce moment, beaucoup de bons esprits, qui, presque tous en opposition avec Gallé et ses imitateurs, envisageaient l'emploi du verre ou du cristal neutres, transparents ou dépolis. Bracquemond donnait à la cristallerie de Sèvres des dessins de flacons ou de pichets plus singuliers que judicieux. La Maison Moderne soumettait aux amateurs les gobeletteries remarquables de fabricants étrangers, Powell, Behrens, Koloman Moser... près desquelles, avec un esprit analogue, s'offraient les inventions gracieuses d'un Colonna ou d'un De Feure. Elle avait fait exécuter par Baccarat un très élégant service à liqueurs sur les dessins de Maurice Dufrène qui marquait aussi de son goût souple et aimable des tulipes pour ampoules électriques. On était très frappé, à ce moment, de l'aspect aérien que prenait, suspendue au bout du fil, l'ampoule, véritable fleur lumineuse. Il y avait là un effet tout à fait nouveau, paradoxal, et l'on dépensa beaucoup d'ingéniosité à le mettre en valeur.

En 1905, Gallé mourut, dans la force de l'âge, frappé en pleine activité . Il avait conféré au verre une dignité esthétique que les plus téméraires n'auraient pas osé lui rêver. Non seulement il l'avait fait le rival des matières les plus précieuses, mais il lui avait fait exprimer des sensations, des passions et des idées dont la traduction semblait réservée aux lettres ou aux arts graphiques. Par un miracle du génie, il y avait inscrit l'infini.

Mais, l'animateur disparu, il sembla que l'art du verre eût été frappé en même temps que lui. Il s'était avancé si loin dans la voie qu'il s'était frayée que nul ne pouvait espérer l'y dépasser. D'ailleurs une réaction se marquait contre le mouvement dont il avait été l'un des chefs. Bientôt cette esthétique se trouva condamnée à la fois par ceux qui retombèrent dans l'admiration routinière des styles périmés et par les esprits libres qui répudièrent les aspirations sentimentales du naturalisme et du symbolisme et cherchèrent, pour s'appuyer, des bases rationnelles plus simples et plus solides. Les foules seules restèrent fidèles à l'artiste autour duquel il avait été fait tant de bruit et dont le nom leur était devenu familier ; elles continuèrent à acheter et achètent encore aujourd'hui, en France et à l'étranger, des vases sur lesquels se lit toujours ce nom aimé, vases que l'on continue à produire dans l'usine où il vécut et dont gémissent ceux qui vénèrent une noble mémoire.

Dans ces années de dépression et d'attente où les champions de l'art moderne, méditant sur les causes de leur échec, regroupèrent leurs forces pour reprendre la lutte, la gloire du verre fut relevée par un maître qui, sans chercher à rivaliser avec Gallé, sans s'opposer à lui, guidé par des conceptions toutes différentes, fit surgir une beauté et des joies nouvelles. M. René Lalique avait, avec ses bijoux, remporté à l'Exposition universelle, un véritable triomphe. Il régnait dans ce domaine comme Gallé dans la verrerie. Il avait vraiment créé un art. Perles, diamants et pierres, émail et or étaient des éléments dont il jouait ; il les choisissait, non pour leur valeur vénale mais pour leur charme ou leur éclat, il les orchestrait en féeries somptueuses et subtiles. Il lui arrivait de mêler aux gemmes des pierres vulgaires et, frappé de la pureté du cristal et des effets qu'on pouvait obtenir en le gravant, il lui avait, vers 1900, attribué un rôle important dans ses compositions. Les visiteurs du Salon de 1901 admirèrent avec surprise des grands serpents de cristal qui se dressaient aux angles de sa vitrine. Quand il ouvrit sa maison du Cours-la-Reine, en 1902, les portes en étaient parées de grands camées de verre aux apparences de bas-reliefs translucides. Peu à peu le verre opéra son emprise et un jour vint où Lalique fut, d'une façon exclusive, un artiste verrier. Pourquoi a-t-il abandonné l'art magnifique où son imagination s'était complue ? Son goût certainement avait évolué. Le bijou d'art, d'autre part, était atteint par le discrédit qui s'attachait aux idées de 1900. Lalique avait trop présumé de la clientèle en lui demandant de mettre l'art au-dessus de la richesse. Peut-être aussi l'artiste, après avoir manié les matières rares, éprouva-t-il une satisfaction supérieure à choisir un mode d'expression où seule sa pensée avait du prix.

Le succès fut immédiat et, depuis lors, il ne s'est jamais démenti et n'a cessé de s'étendre. C'est que Lalique donnait la sensation d'un art tout à fait nouveau, qu'il conférait au verre le caractère d'un objet précieux. Son imagination et son ingéniosité ont constamment tenu le public en haleine. Enfin une organisation industrielle et commerciale remarquable a soutenu son effort artistique.

Entre Gallé et Lalique pas de lien apparent, à peine celui de la matière. Gallé avait obtenu du verre par des miracles de laboratoire les plus extraordinaires métamorphoses ; il avait presque renoncé à lui demander ce qu'il offre naturellement : la limpidité et la transparence. C'est à ces qualités naturelles que Lalique va s'appliquer, c'est sur elles qu'il appuiera ses inventions et il saura leur attribuer un rôle insoupçonné.

Gallé avait tourmenté, compliqué la forme. Il répugnait aux profils certains, cherchait les contours souples, sinueux, contrariés par lesquels il voulait rivaliser avec la vie. Lalique restitue le sens de l'architecture : simplicité, pondération, symétrie. Il en use avec une parfaite liberté, selon ses tendances qui sont d'élégance plus que de force, avec un besoin perpétuel d'invention. Il ne recule ni devant l'audace, ni devant la fantaisie, mais ses écarts sont toujours mesurés. Du mouvement d'art auquel il a pris une part si brillante au début du siècle, il a répudié l'agitation et le tumulte, il n'en garde que l'esprit de liberté.

Gallé enfermait toute une philosophie dans un vase. Lalique n'a pas de telles prétentions. Il n'aspire qu'à plaire et il est satisfait s'il a créé de la joie pour nos yeux.

Par un paradoxe singulier, Gallé, qui avait les plus nobles aspirations sociales, ne s'est donné tout entier que dans des pièces exceptionnelles sans destination pratique, d'un prix extrêmement élevé, pièces de collection ou de musée. Lalique, même quand il crée des vases de pur ornement, les réalise en obéissant à des règles qui permettent d'en abaisser le prix de revient : la partie la plus typique de son œuvre est une verrerie d'usage et il s'est ingénié, avec un rare bonheur, à étendre le domaine des applications du verre.

Il a accepté pleinement les conditions du travail moderne : production par des moyens mécaniques. Les techniques savantes, lentes et hasardeuses, ont été abandonnées. L'application d'émaux, la retouche au touret sont devenues exceptionnelles. C'est le simple moulage qui est devenu le procédé essentiel. Le moulage nécessite des matrices, un outillage, coûteux sans doute, mais dont le poids pèse peu quand on fabrique en série et d'autant moins que la série est plus considérable. Le prix de vente s'établit pour chaque objet selon la diffusion prévue.

Le moulage se prête à trois combinaisons principales. Sur la surface de l'objet, vase, flacon, gobelet, une partie est assignée à un décor en relief. Ce décor, pour être rendu plus visible, peut être émaillé ou dépoli. Ou bien une matrice en relief détermine, au revers de la partie visible, une empreinte en creux qui, par transparence, donnera l'illusion d'un relief pris dans la masse du verre. Cette seconde méthode, qui n'est pas nouvelle mais dont on n'avait jamais tiré un tel parti, donne des effets d'une légèreté quasi immatérielle. Enfin, et c'est le système le plus ample, pour des vases de pure délectation, le décor couvre le vase tout entier et se confond avec sa forme. Tel vase est un serpent enroulé sur lui-même, c'est la mer où nagent des turbots, l'espace où des chasseurs tendent leur arc contre de grands oiseaux.

Le verre peut et, c'est le cas le plus général, rester neutre et valoir par sa limpidité parfaite. Dans les vases de délectation, il se colore légèrement en bleu ou en brun sans perdre sa transparence ou plus rarement se pénètre d'un lait opalin. La forme, quand il s'agit d'un objet d'usage, est déterminée par la destination : cela laisse d'ailleurs une très large liberté : que de formes rationnelles possibles pour un verre à boire ou un flacon à parfum! Celles que dessine Lalique ont toujours un cachet d'élégance, facile, sans mièvrerie, avec un accent personnel qui vient de quelque rapport logique et imprévu. La fantaisie se déploie sur le pied du verre à boire ; elle diversifie avec une verve spirituelle l'aspect des bouchons. Pour les vases d'agrément, la forme que dicte le seul sentiment, reste toujours très simple. Elle se rapproche d'un gobelet, Lalique affectionne, surtout pour les grandes pièces, des sphéroïdes ; il les manie avec un bonheur rare : amples sans lourdeur.

Le décor, je le répète, ne vise qu'à plaire. Lalique en emprunte les éléments à la nature ; il s'attache à maintenir la vie, interprète avec une discrétion extrême, avide de mouvement et de fraîcheur, s'inspirant tour à tour des insectes, des serpents, des poissons ou des plantes, avec une prédilection pour les oiseaux et les fleurs. Il fait intervenir volontiers le corps humain, surtout le corps féminin ; il lui demande la souplesse et la grâce, satisfait d'ailleurs des interprétations traditionnelles, adoptant un type de beauté académique qu'il sauve de la banalité par la façon dont il en joue.

C'est par des flacons de parfumerie que le nom de Lalique verrier atteignit le grand public. On fut séduit et ravi aussi de voir introduit l'art dans un domaine qui semblait réservé à l'industrie. Ces petits chefs-d'œuvre ont déterminé, dans le flaconnage, une véritable révolution. Le commerce de la parfumerie en a été transformé. On ne vend plus une essence sans se croire obligé de la présenter avec soin. Plusieurs artistes fournissent des modèles heureux, médiocres ou singuliers car, pour attirer la clientèle, on ne recule pas devant la bizarrerie. Parmi les plus heureux émules de Lalique je citerai Hamm, dont le talent s'est affirmé d'abord dans le travail de la corne, et Lucien Gaillard, dont on connaît le grand rôle dans l'art du bijou.

La verrerie de table se prêtait à merveille aux tendances de Lalique. De frêles calices sur de longues tiges aux dessins délicat ont été le prétexte des plus aimables variations.

Pour l'éclairage Lalique a multiplié les inventions ingénieuses ; dans les appareils qu'il dessine le verre a seul un rôle apparent : lampes appliques, demi-vasques ou, comme pour le paquebot *Paris*, vases dont la lumière jaillit mystérieusement, plafonniers en forme de sphère ou d'une structure complexe et neuve. Il a même posé, sur des tables, des flambeaux de verre.

Il a travaillé à étendre dans les directions les plus diverses le champ d'action de la matière élue : il a créé des cachets en verre. Il a fait, en verre, d'admirables montures de pendules. Des parois murales ont été par le verre décorées, ainsi le magnifique motif de fontaine pour le paquebot *Paris*. La fontaine de l'Exposition des Arts Décoratifs, qui ne fut pas sa réalisation la plus heureuse, porte témoignage de ces ambitions. Revenant au bijou sur lequel il avait naguère prodigué les gemmes, il a imaginé d'abord des broches où le verre coloré reposait encore sur une monture métallique, puis des pendentifs où le verre joue seul suspendu à un cordon de soie.

Le cristal, un verre aussi transparent, aussi impeccable que le cristal même, demandent à être traités avec quelque précaution. Dans ces dernières années, dans son désir de rayonnement indéfini, Lalique a ajouté une matière moins parfaite et moins exigeante.

La verrerie d'Alsace qu'il a fondée et qui, elle aussi, a connu aussitôt le succès, permet, avec un verre plus vulgaire, des procédés plus rapides, d'obtenir des produits peu coûteux. Des bols, des saladiers, des vasques se prêtent à cette fabrication à laquelle l'artiste sait conserver le caractère de distinction, cette tenue, je dirai, aristocratique, qu'il imprime à tout ce qu'il touche.

Le vaste royaume que Lalique s'est taillé est presque en dehors des routes que Rousseau et Gallé avaient suivies. Il est des curiosités qui ne trouvent pas à s'y satisfaire. Les joies qu'on y éprouve sont d'un ordre surtout cérébral : les sens interviennent à peine. On ne devine pas, chez le créateur, l'amour passionné de la matière, le besoin de la pétrir, d'en scruter les vertus profondes et les possibilités indéfinies, on n'éprouve pas le désir sensuel de palper, de caresser l'objet qu'il nous propose. Et c'est pourquoi une grande place serait restée vide si, à point nommé, n'était apparu Marinot.

Marinot était peintre : il exposait, aux Indépendants, des pages décoratives où des nudités mythologiques, peintes avec un sens des rapports très personnels, s'inscrivaient en nobles arabesques. Le hasard voulut qu'un de ses amis d'enfance reprît, à Bar-sur-

Seine, une verrerie. Marinot visita la fabrique, il vit les ouvriers devant les fours, la manipulation de la canne, le soufflage ; il fut enthousiasmé par ces opérations magnifiques et, immédiatement, il voulut y participer. Ses premiers essais achevèrent de le conquérir et bientôt il y fut pris tout entier. Il se révéla au Salon des Indépendants de 1912 et j'eus la joie, on me permettra d'en tirer une petite vanité, d'annoncer, dans la *Gazette des Beaux-Arts*, l'importance de son intervention.

C'est le métier qui avait d'abord séduit Marinot ; il a voulu être et il est demeuré un maître ouvrier. Il ne s'est pas contenté d'étudier la matière, de connaître les techniques, de s'initier à la chimie du verre et de pratiquer des tentatives et des expériences. Il s'est imposé de pratiquer lui-même le métier, dans ce qu'il a de plus dur, mais aussi de plus passionnant : il a voulu souffler lui-même les pièces sans en excepter les plus grandes ; il éprouve les émotions, dont on ne se blase pas, de voir suspendue au bout de la canne la masse cueillie dans la matière en fusion et de faire naître progressivement, au prix de soins infinis, ce que l'esprit appelle à la vie. Nous nous retrouvons donc ici en présence de la pièce unique et celui qui la signe l'a pleinement créée, par sa pensée et par sa peine, sans aucune collaboration. On conçoit que, pour un tel artiste, le traitement de la matière, le choix de la forme et le décor soient trois choses qui ne se séparent pas. Chacun des éléments appelle l'autre, ils forment un tout indissoluble. Même à la première heure, dans la période des essais, Marinot n'a pas eu l'idée d'appliquer un décor sur un vase qu'il n'avait pas fabriqué. On peut distinguer dans son œuvre, jusqu'à ce jour, trois groupes distincts. Il s'est fait d'abord connaître par des vases de verre transparent décorés de motifs sur émaux opaques. Ces motifs sont de pure décoration sans signification déterminée : guirlandes de fleurs, oiseaux, têtes de femmes, plus rarement figures entières, posées librement au flanc du vase ou inscrites dans des encadrements librement dessinés. Le charme dérive de l'originalité de l'écriture et du parti pris décoratif. Ainsi que plusieurs de nos contemporains, Marinot, par des moyens en apparence sommaires, par des simplifications qui semblent une régression aux périodes primitives, vise, en réalité, les plus subtils raffinements. Un dessin synthétique avec des traits échappés dont les dessinateurs de vases grecs nous ont légué l'exemple, une construction voulue, des transpositions et des abréviations colorées, une orchestration de notes élémentaires où éclatent des rouges vifs et qui pourtant est plus grave que gaie ; des profils féminins dont la grâce flexueuse semble s'estomper d'une vague mélancolie. Tels sont les premiers aspects qu'a revêtus l'art de Marinot, c'est par là qu'il est le plus accessible, encore que la qualité de son écriture lui interdise l'espoir de rayonner en dehors d'une élite. Mais, sans renoncer complètement à ces méthodes, il s'en est progressivement écarté, précisément, sans doute, parce que l'émail pictural exerçait son attraction en dehors du verre même et que l'artiste ambitionnait des émotions plus secrètes et plus profondes.

Dès le début, Marinot avait pris en affection le verre relativement grossier que fabriquait son ami pour des usages vulgaires. En réaction contre ce désir de pureté absolue qui hantait les esprits depuis la découverte du cristal, il trouvait à cette matière inégale dont les générations antérieures avaient su tirer parti quelque chose de moins irréel, de moins froid aussi. Il avait été, en particulier, frappé du caractère qu'offraient certains verres que l'on jetait au rebut parce qu'ils semblaient indignes d'être utilisés, verres malfins, où des bulles d'air restaient emprisonnées dans la matière qu'aux yeux de tous elles déshonoraient. Gallé, déjà, avait observé ces bulles et il en avait usé, d'une façon exceptionnelle, d'ailleurs, et très limitée. Marinot les aima, il les obtint par système. Il força ses admirateurs à revenir sur des préjugés enracinés et, dans un nouveau cycle d'œuvres, écartant les émaux, il s'attacha à faire chanter la matière même dont il révélait des séductions insoupçonnées. Dans les verres les bulles ont été disciplinées : elles se multiplient ou se raréfient, s'ordonnent selon la volonté de l'artiste ; leur calibre se diversifie, elles s'allongent et deviennent filiformes. Marinot donne au vase une épaisseur tout à fait insolite. Il prend plaisir à faire jouer les masses et ce caractère massif s'accentue par le choix des formes simples, amples, statiques. Le verre, traité, comme on a parfois fait les matières les plus dures, revêt une autorité singulière. Cette impression s'accentue par le mode de décoration. Avec l'acide, de profondes déchirures, des incisions de plusieurs millimètres sont pratiquées dans la masse ; on n'ose employer le mot gravure, tant le résultat obtenu diffère des égratignures superficielles ordinaires. Un décor géométrique puissant, élémentaire, barbare et savoureux se dessine ou bien quelques balafres sommaires, entaillées avec véhémence, suggèrent un oiseau, une silhouette de femme.

A cet ordre d'inspiration qu'il aime Marinot a, enfin, ajouté un troisième ordre de production. Il était, on peut l'affirmer, nécessaire qu'il répudiât, un jour, tout décor, si profondément incorporé fût-il à la matière, pour en arriver à ne célébrer que la richesse inépuisée de la matière même. Et le voilà qui reprend, avec son goût propre, avec ses tours de mains familiers, les joies du verre doublé, les projections de poudres métalliques, les salissures par les oxydes ; il renonce à la transparence, à la translucidité même pour faire vibrer dans la masse des couleurs chaudes ou sourdes. La forme, dépouillée, exempte de tout accident, est ramenée à des masses unies, stables, comme si elle redoutait d'attirer et de partager l'attention : flacons ventrus ou cylindriques au goulot minuscule, obturé, s'il y a lieu, par un petit bouchon en bille, à la chinoise. Tout s'efface devant la beauté interne du verre. A la différence de ses devanciers, Marinot n'aspire à imiter aucune pierre connue. Il a créé son élément qui s'apparente aux visées épiques de Rousseau et renonce au lyrisme de Gallé. Les bulles d'air, d'un rythme allègre, poursuivent dans la pénombre leur ascension illusoire. Sous une couche incolore, une sorte d'enveloppe d'argent craquelée, fissurée, comme éclatée de toute part, laisse apparaître un réseau sanglant ou céruléen. Art singulier qu'anime une force étrange, digne d'une époque qui, fatiguée de trop de virtuosité apparente, se penche vers les primitifs pour se complaire à leurs intentions synthétiques et rafraîchir, auprès d'eux, sa sensibilité.

A côté de Marinot et de Lalique et sans aspirer, comme eux, à faire œuvre de novateurs, quelques décorateurs délicats ont affirmé leur goût dans des objets dont ils empruntaient surtout la technique à Venise, verre mince translucide peu ou point coloré, bords ou filets minces d'émaux opaques.

Peintre sur verre plutôt que verrier, Manzana Pissarro a souvent, sur des menus objets de verre mince, modulé en émaux translucides rehaussés d'or, des variations sur les rêveries orientales auxquelles sa vive imagination se complaît.

Maurice Dufrène, dont nous avons déjà noté l'activité vers 1900, n'a cessé de nous proposer des verreries destinées moins à nous retenir par leur mérite propre qu'à participer par leur tache, leur volume, leur éclat, à l'agrément d'un intérieur. Henri Farge a trouvé, pour des flacons et des coupes, des formes distinguées et sobres.

Céramiste et verrier, Jean Luce s'applique à rendre aimable

l'objet de table ou de toilette. Il modèle ses verreries et les décore avec beaucoup de finesse, une légèreté un peu grêle. Il emprunte des motifs au goût du jour qui associe l'esprit d'invention et l'évocation de grâces désuètes. La rose, le bouquet sont ses thèmes favoris. Il les trace par traits rapides en émaux monochromes. Depuis quelque temps, sous l'influence de Marinot, il a tenté de grandes pièces, aux formes amples, adopté l'usage de bulles, sans gagner beaucoup à cette évolution. Goupy s'apparente à lui, mais avec plus de variété et plus d'envergure. Lui aussi décore des flacons avec un double souci de discrétion et d'élégance. Les émaux opaques, d'une gamme volontairement très restreinte, jouant aussi par leur relief, dessinent des guirlandes souples et frêles qui semblent ne pas peser sur les parois de vases minces. Il a, pour des pendentifs en verre, trouvé des thèmes charmants. Comme Luce il est, à l'heure présente, entraîné vers les sphères où évolue naturellement Marinot. Des pièces de grandes dimensions aux silhouettes massives, des recherches de coloration, le souci de la matière, un décor d'une échelle et d'intentions nouvelles, l'affectation d'un dessin pseudo-barbare marquent cette évolution qui nous réserve, peut-être, des surprises heureuses. Il semble qu'il réussira surtout s'il sauvegarde les qualités qui l'ont, d'abord, fait connaître, ainsi dans ce vase sphérique, d'un ton laiteux, qu'anime une frise rustique.

A Lyon, Beyer, céramiste lui aussi avant de se révéler verrier, développe un art très sobre et très robuste.

Au milieu de tous ces changements de goût la cristallerie de Baccarat n'a perdu ni sa puissance industrielle ni son crédit et, dernièrement, sans renoncer aux traditions auxquelles elle demeure attachée, elle a demandé à un artiste Georges Chevalier de lui fournir des modèles modernes pour la table. L'artiste a répondu à ce désir avec un rare bonheur. Il a écarté les complications de taille et les gravures banales. Il a, par le choix des courbes, des renflements, créé des surfaces où la lumière miroite et met la pureté du cristal dans toute sa valeur. Quelques tailles ou quelques gravures très ménagées, des parties moulées et dépolies concourent parfois à l'effet. Les pièces les plus remarquables sont celles dans lesquelles n'intervient aucun décor et qui ne doivent leur prix qu'au mérite de la forme. Celle-ci, d'ailleurs, selon les services, épouse des esprits très différents, svelte et pimpante, mesurée ou grasse.

La pâte de verre, en dehors de toute considération technique, se distingue du verre proprement dit parce qu'elle est opaque, qu'elle offre à l'œil une apparence grenue ; la surface mate en semble comme dépolie ; elle peut être moulée. Bien que Gallé ait, à certaines heures, traité le verre de façon à le rapprocher singulièrement de la pâte, celle-ci a son histoire propre et demande à être envisagée séparément. Elle a été maniée avec une virtuosité exceptionnelle par le chercheur inquiet que fut Henri Cros. Cros y vit une matière d'une richesse rare, colorée et plastique, délicate et forte, susceptible de renouveler la statuaire polychrome. Il déploya, dans ses essais, la dextérité la plus ingénieuse. *L'Incantation*, 1892, le grand bas-relief, l'*Histoire de l'eau*, du Musée du Luxembourg, l'*Histoire du feu*, du Musée des Arts Décoratifs, l'*Apothéose de Victor Hugo*, au Musée Victor Hugo, montrent, à la fois, la distinction de la pensée de l'artiste, les mérites et les lacunes d'une matière susceptible de donner des effets très pénétrants mais qui n'obéit jamais complètement à la volonté la mieux armée. L'exemple de Cros suscita quelques tentatives éphémères: en 1898, Ringel d'Illzach exposait des portraits médaillons en pâte monochrome. Cependant M. Georges Despret qui, depuis 1884, dirigeait les usines de Jeumont, avait étudié pendant plusieurs années à la technique de la pâte de verre. Il se révéla, en cet ordre, à l'Exposition universelle de 1900. Depuis lors il n'a cessé de produire des statuettes, des bibelots de vitrine ou de bureau, de dimensions médiocres et qui, modelées avec une largeur un peu lourde, exécutées en pâte monochrome dans des tons pâles un peu fades, gardent de la tenue sans se classer vraiment parmi les œuvres d'art.

La pâte de verre a été traitée, sous une forme infiniment discrète et exquise, par Dammouse. Celui-ci était célèbre comme céramiste lorsqu'à partir de 1898, il exposa de petits vases en forme de calices, coupes, bols ou gobelets, d'un ton bleu ou mauve d'une matière raffinée et d'une forme simple. Peu à peu des algues ou de menues fleurs, d'un modelé à peine ressenti, colorées à peine, vinrent émerger à la surface des vases comme si elles surgissaient d'un rêve lointain ; puis la gamme s'enrichit sans cesser de s'exprimer en sourdine. C'est ainsi que, modulant des accords toujours analogues mais jamais identiques, Dammouse a, jusqu'à sa fin toute récente, dispensé de menus et fragiles chefs-d'œuvre. Le temps et la mode n'ont pas eu de prise sur lui ; il n'a pas évolué et pourquoi aurait-il délaissé une formule qui répondait à sa sensibilité d'une façon si parfaite ?

M. Décorchemont qui, lui aussi, fut d'abord céramiste s'adonna à la pâte de verre après 1900 et tout d'abord il suivit de très près les exemples de Dammouse. Puis son style et sa technique se transformèrent. Depuis plusieurs années il a adopté de grandes dimensions et fait choix d'une matière qui prend une sorte d'éclat dur à laquelle il donne l'aspect de la corne. Il s'éloigne ainsi de la conception traditionnelle de la pâte de verre et se rapproche de celle des verriers. Ses vases, de forme robuste, se parent d'un décor le plus souvent géométrique, tracé par zones, qui tend à couvrir toutes les surfaces d'un relief à peine sensible. Les parois d'abord

minces sont devenues épaisses. M. Décorchemont, par son évolution, souligne ainsi les tendances essentielles de ce temps.

Un artiste catalan établi à Paris, Joachim Sala, et son fils Jean,
modèlent en pâte de verre d'une matière un peu rugueuse, des
pièces d'une fantaisie brillante parmi lesquelles des corbeilles de
fruits d'un bel effet décoratif.

L'Exposition internationale des Arts Décoratifs à Paris, en
1925, a permis de jeter sur la verrerie française, à l'heure présente,
un regard d'ensemble.

On a pu être frappé de l'extension nouvelle des applications du
verre et si c'est là, en grande partie, un fait d'évolution naturelle,
il faut y reconnaître aussi l'action rayonnante de Lalique qui en
donnait les plus saisissants exemples. Le verre, employé, avec
un souci d'art, intervenait dans des conceptions monumentales,
façades, plafonds, motifs décoratifs. Son alliance avec la lumière
électrique s'affirmait : étiquettes lumineuses et, surtout, appareils
d'éclairage d'une variété sans cesse accrue, plafonniers, appliques,
lampes de bureau, veilleuses où le verre tend à prédominer et à
se débarrasser de toute alliance, subordonnant la monture métallique quand il ne s'en est pas totalement affranchi. Les inventions
ingénieuses prodiguées dans le flaconnage de parfumerie auraient
suffi à elles seules pour caractériser l'étape accomplie depuis 1900.
D'autre part la verrerie et la cristallerie de table, sans se laisser
paralyser par leur gloire séculaire, ont paru animées d'un esprit
joyeux de renouvellement.

Au milieu de ce déploiement, à travers toutes les divergences
individuelles, ce sont les formes simples, le décor en relief avec une
préoccupation très marquée d'échelle, le verre neutre et moulé
qui dominent.

Le verre précieux destiné à la seule contemplation, à l'étagère ou à la vitrine, a marqué le double triomphe de Marinot et de Lalique, le succès de Goupy et de Luce. Les pâtes de verre de Dammouse ont retrouvé leurs admirateurs et celles de Décorchemont leurs fidèles. Je viens d'analyser l'apport de ces maîtres qui, en nous donnant de nouveaux sujets de les aimer, se sont présentés à nous presque uniquement sous des aspects familiers. On eût été bien aise de saluer la révélation d'un jeune talent. Cette joie ne nous a pas été réservée. Seuls quelques vases robustes au décor géométrique, affectant l'apparence d'un granit noir au poli dur, vases imaginés par Pierre Gaillard, ont pu donner une sensation un peu neuve.

La réputation de Lalique et de Marinot leur a suscité des émules ou des imitateurs. A l'exemple de Lalique, MM. Simonet, pour la cristallerie de Choisy-le-Roi, la maison Genet et Michon fabriquent d'intéressantes verreries moulées. Daum qui, jadis, avait été inspiré par Gallé, applique ses puissants moyens industriels et sa science technique à produire des verres dont on peut douter qu'il les eût imaginés si Marinot ne l'avait aiguillé. Il a, par ailleurs, édité des verres d'une formule plus personnelle mais d'un effet discutable et qui, emprisonnés dans des ferronneries de Majorelle, semblent vouloir les distendre pour s'en dégager. Il n'a pas, au demeurant, renoncé à son ancienne inspiration et c'est un fait digne de remarque que l'attachement persistant de la foule pour des formules dont le goût des amateurs s'est depuis longtemps détourné.

A côté de l'usine Gallé qui continue, je l'ai dit, sa production mécanique, à côté de Daum, plusieurs autres verreries sont prospères dans la région nancéienne, qui répètent indéfiniment, en œuvres plus ou moins dégénérées, des formules vidées.

Hors Nancy, dans la région parisienne, de grandes fabriques inondent le marché de produits, vases d'ornement, flaconnage, surtout vasques d'éclairage et abat-jours dont on doit déplorer l'indigence et le goût criard et dont s'empare une clientèle pleine de bonne volonté et mal avertie. On ne saurait applaudir au succès de M. Argy Rousseau qui fabrique en grand nombre des pâtes de verre où l'on peut retrouver un reflet déformé et grossi de la pensée de Dammouse.

En opposition avec ces accidents que la vulgarisation parvient difficilement à éviter et contre lesquels le goût public n'est pas encore capable de se défendre, il convient de souligner le rôle bienfaisant de certains magasins de vente qui, lorsque l'artiste n'en prend pas soin lui-même, le maintiennent en contact avec les amateurs. C'étaient, jadis, Rousseau ou Pannier, Bing avec la Maison Moderne. Ce sont, aujourd'hui, parmi d'autres, Rouard, Hébrard ou Delvaux. Il faut noter encore l'effort de quelques grands magasins pour seconder et encourager les aspirations artistiques de leur clientèle, et signaler en particulier les modèles séduisants édités par Maurice Dufrêne et sous son inspiration.

L'exposition, enfin, a permis de confronter notre mouvement national avec les activités étrangères. Nous avons vu, dans tous les pays où l'art du verre est pratiqué, une production prospère, un souci de la tenue technique, une création incessante de modèles et, en particulier, pour la verrerie de table, nous avons souvent rencontré d'élégants verres à pied d'inspiration florale et qui nés dans des régions bien diverses, semblaient pourtant appartenir à une même famille. Mais, presque partout, en Tchéco-slavie, même en Belgique et surtout en Angleterre, nous avons vu les formules traditionnelles régner en maîtresses absolues ou peu contestées. Venise, qui essaye de se dégager de ses fantaisies trop exploitées, parmi de multiples essais et malgré le sens décoratif de Venini, n'a pas trouvé une expression neuve. Quant à l'objet précieux créé par une volonté novatrice, en dehors des verreries émaillées catalanes de Joseph Gol, trop éloignées de nos tendances pour qu'il nous soit vraiment possible de les juger, je ne me souviens pas de l'avoir rencontré. On devinait des directions artistiques mais nulle part, hors de France, une forte personnalité ne s'affirmait. Ni Tiffany ni Koepping n'ont eu, semble-t-il, de successeurs.

Ainsi s'affirmait notre supériorité dans un domaine où depuis cinquante ans ont été accomplis d'incessants efforts. Cette période n'a pas vu seulement la verrerie s'épanouir, le verre y a revêtu des aspects et il a pris, dans les provinces de l'art, une place qu'on n'aurait pu lui prévoir. Ce bond prodigieux, pour ne s'être pas accompli totalement en France, s'est surtout effectué, cependant, par nos artistes ou sous leur impulsion. Le monde entier réuni ne saurait nous opposer une pléiade telle que celle que je viens de célébrer. Nul signe de fatigue, d'autre part, n'autorise à craindre le ralentissement ou l'arrêt de cet épanouissement magnifique.

BIBLIOGRAPHIE

FABRICATION DU VERRE

BONTEMPS. *Guide du verrier*, 1868. — PÉLIGOT. *Le verre, son histoire, sa fabrication*, 1876. — APPERT et HENRIVAUX. *Verre et verrerie*, 1894. — HENRIVAUX. *Le verre et le cristal*, 1898. — Manuels RORET. *Manuel du verrier et du fabricant de glaces*, 1900. — GRANGER. *Les progrès récents dans l'industrie du verre*, 1904. — HENRIVAUX. *La verrerie au XXe siècle*, 1911.

L'ART DU VERRE

SAUZAY. *La verrerie depuis les temps les plus reculés jusqu'à nos jours*, 1876. — Ed. GARNIER, *Histoire de la verrerie et de l'émaillerie*, 1886 ; *La verrerie au XIXe siècle*. — APPERT et HENRIVAUX. *La verrerie depuis vingt ans*, 1894. — Henri HAVARD. *La verrerie*, 1894. — Gustave KAHN. *La verrerie*, Art et Décoration, 1901 ; *La verrerie, verrerie usuelle et de table*, Art et Décoration, 1902. — PAZAUREK. *Moderne Gläser*. Leipzig. — VERNEUIL. *Les pâtes de verre*, Art et Décoration, 1909. — René JEAN. *Les arts de la terre*, 1914. — F. MASSOUL. *La verrerie d'art* (avec bibliographie et lexique des termes techniques), Les Arts français, n° 33, 1919. — Henri CLOUZOT. *Verreries françaises modernes*, Art et Décoration, 1923. — Gabriel MOUREY. *L'art décoratif*. Histoire générale de l'art français de la Révolution à nos jours. Tome III. 1925. — R. DE FÉLICE. *La céramique et la verrerie*. Collection : *L'art français depuis vingt ans* (pour paraître).

COMPTES RENDUS D'EXPOSITIONS

PÉLIGOT et BONTEMPS. *Rapports du jury international de l'Exposition de 1867*. — ESNAULT. *Les industries du verre à l'Exposition de 1878*.

L'Art, vol. XX. — DE LIESVILLE. *Exposition de 1878. La verrerie.*
Gazette des Beaux-Arts, 1880. — DIDRON et CLÉMANDOT. *Rapport
du jury international de l'Exposition Universelle de 1878. Les cristaux, la verrerie et les vitraux, 1880.* — DE FOURCAUD. *Exposition
de l'Union centrale des Arts décoratifs en 1884. Rapport général, 1885.*
— Articles, rapports, conférence sur l'Exposition de 1884 dans la
Revue des Arts Décoratifs, 1884-1885. — Ed. GARNIER. *La céramique et la verrerie modernes.* Gazette des Beaux-Arts, 1885. —
HENRIVAUX. *La verrerie à l'Exposition universelle de 1889.* Revue
des Arts décoratifs, 1890. — Revue technique de l'Exposition Universelle de 1889. — Roger MARX. *La décoration et l'art industriel
à l'Exposition Universelle de 1889.* — Ed. GARNIER. *Exposition
Universelle. La verrerie.* Gazette des Beaux-Arts, 1889. — Roger
MARX. *La décoration et les industries d'art à l'Exposition Universelle
de 1900.* — HENRIVAUX. *La verrerie à l'Exposition de 1900.* Revue
technique de l'Exposition, 1902. — HOUTARD. *Exposition universelle
de Liége, 1905. Section française. Cristaux et verrerie, 1908.* — Maurice GUILLEMOT. *La verrerie au musée Galliera.* Art et Décoration,
1911. — HENRIVAUX. *Le verre, une exposition de verre au musée
Galliera.* Art et Industrie, 1910. — Raymond KOECHLIN. *L'art
décoratif moderne. Exposition internationale de Turin, 1911. Rapport.*
— Guillaume JANNEAU. *Les arts de la terre et du métal. L'Exposition
internationale des Arts Décoratifs et industriels modernes en 1925.*
Beaux-Arts, 1925. — Les rapports de l'Exposition de 1925 (pour
paraître). — Comptes rendus, dans les revues d'art des Salons
annuels, expositions des Artistes Décorateurs...

ÉTUDES SUR DES ARTISTES

TESTARD. *Henri Cros.* Art décoratif, 1908. — Ed. GARNIER. *Dam-
mouse.* Art et Décoration, 1899. — Ed. BENEDICTUS. *Décorchemont.*
Art décoratif, 1907. — CHAVANCE. *Les pâtes de verre de Decorche-
mont.* Art et Décoration, 1926. — Raymond ESCOLIER. *Despret.*
Art décoratif, 1907. — Émile GALLÉ. *Ecrits pour l'art*, 1908. —
DE FOURCAUD. *Emile Gallé*, 1903. — Ch. DE MEIXMORON. *Emile*

Gallé, 1900. — Roger MARX. *Emile Gallé. Conférences* de l'Art pour tous, 1904 ; *Emile Gallé décorateur*. Revue Universelle, 1904 ; *Emile Gallé écrivain*. Nancy, 1907 ; *Emile Gallé*. Art et Décoration, 1911. — VARENNE. *La pensée et l'art d'Emile Gallé*, 1910. — HENRIVAUX. *Emile Gallé*. Art décoratif, 1905. — Gustave Geffroy. *Les bijoux à propos de M. René Lalique*. Art et Décoration, 1905. — Tristan DESÈVE. *La maison de René Lalique*. Art et Décoration, 1903. — Gustave KAHN. *Lalique verrier*. Art et Décoration, 1912. — Gustave KAHN. *Les verreries de Lalique*. L'Art et les Artistes, 1921. — Max. GAUTHIER. *Le maître verrier René Lalique à l'Exposition des Arts décoratifs*. La Renaissance de l'art français, 1925. — Gabriel MOUREY. *Marinot verrier*. L'Amour de l'art, 1923. — Ami CHANTRE. *Les verreries de Maurice Marinot*. Art et Décoration, 1920. — R. CHAVANCE. *Maurice Marinot, peintre et verrier*. L'Art et les Artistes, 1923. — G. JANNEAU. *Le verre et l'art de Marinot*, 1925.

TABLE DES PLANCHES

MACON, PROTAT FRÈRES, IMPRIMEURS. — MCMXXVII.

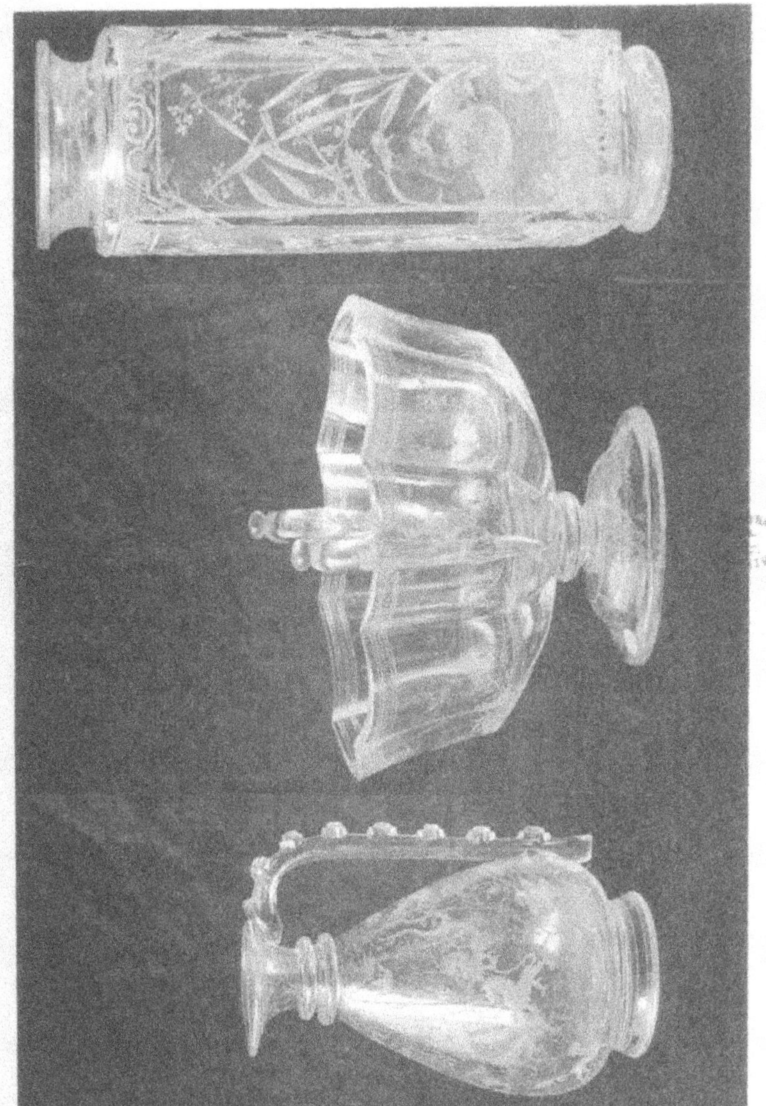

CRISTALLERIE DE BACCARAT.

Cristal taillé et gravé.

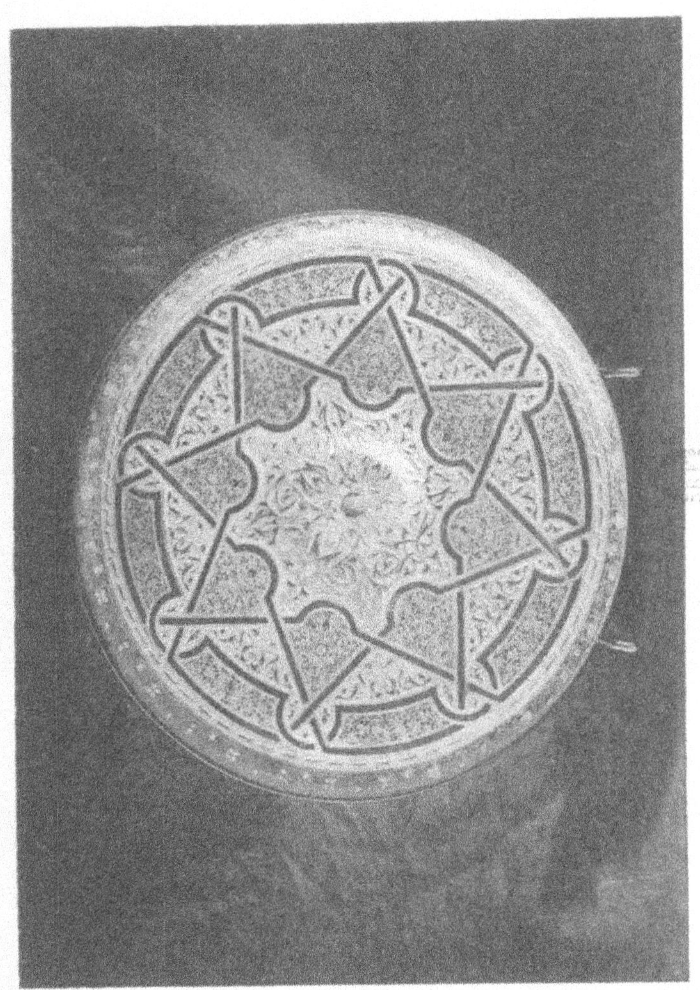

Brocard.

Plateau, 1886.

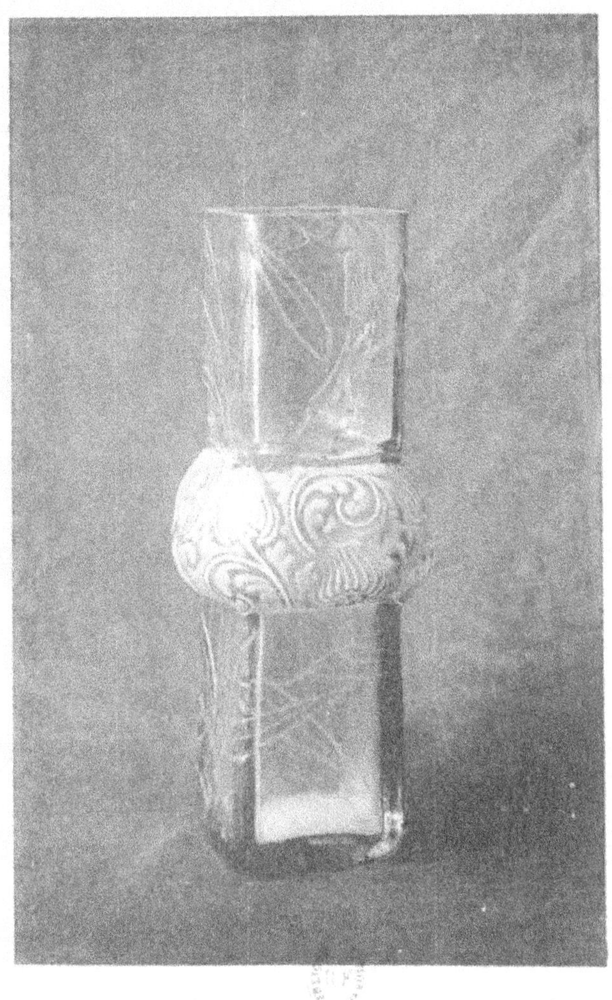

ROUSSEAU.
Vase bambou.

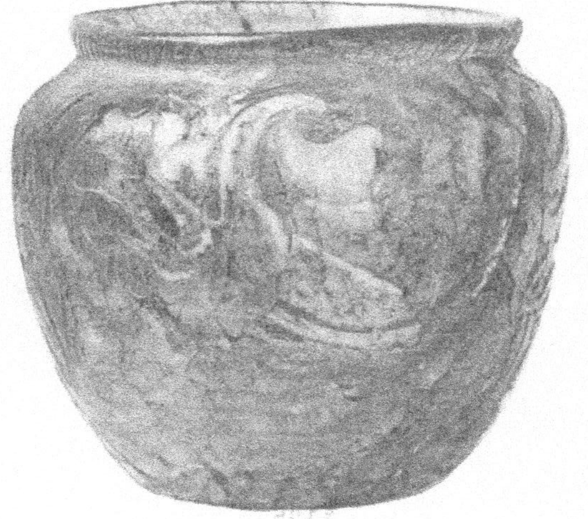

A. — Bol à rinceaux gravés.

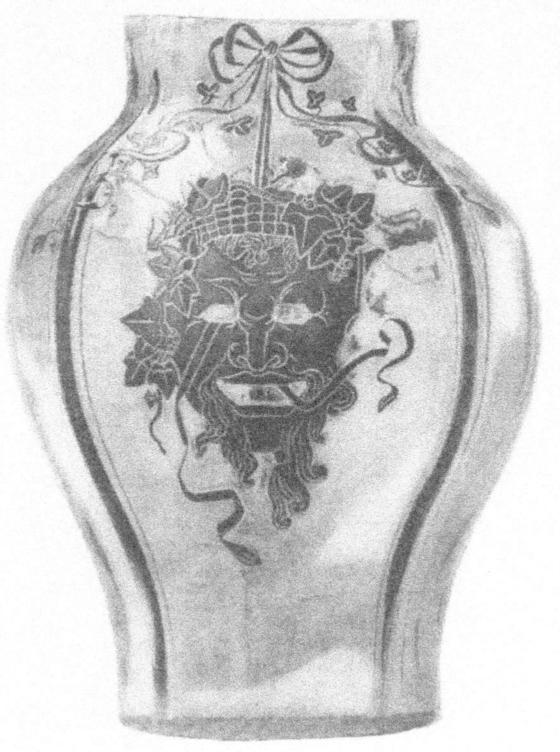

B. — Vase à deux couches.

ROUSSEAU.

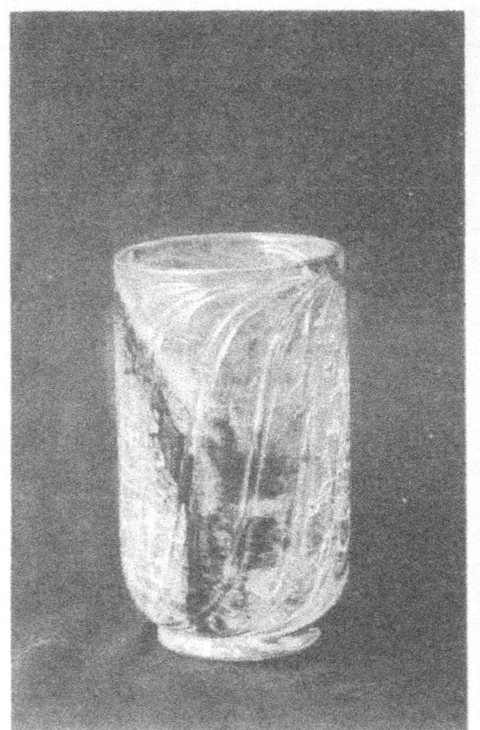

LÉVEILLÉ.
Gobelet.

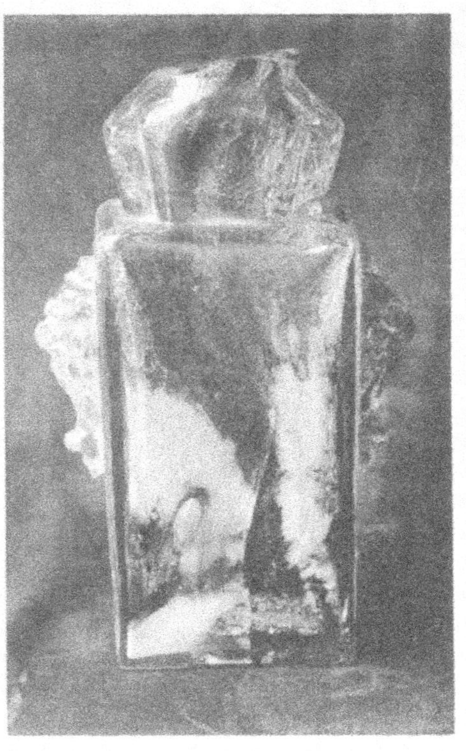

ROUSSEAU.
Vase décoré de masques.

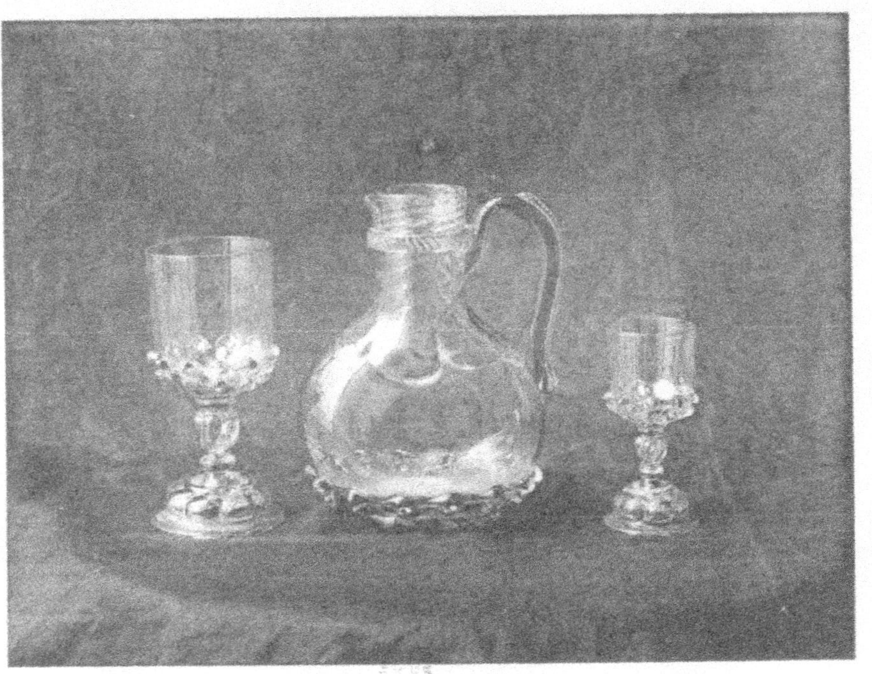

ROUSSEAU.

Verrerie de table

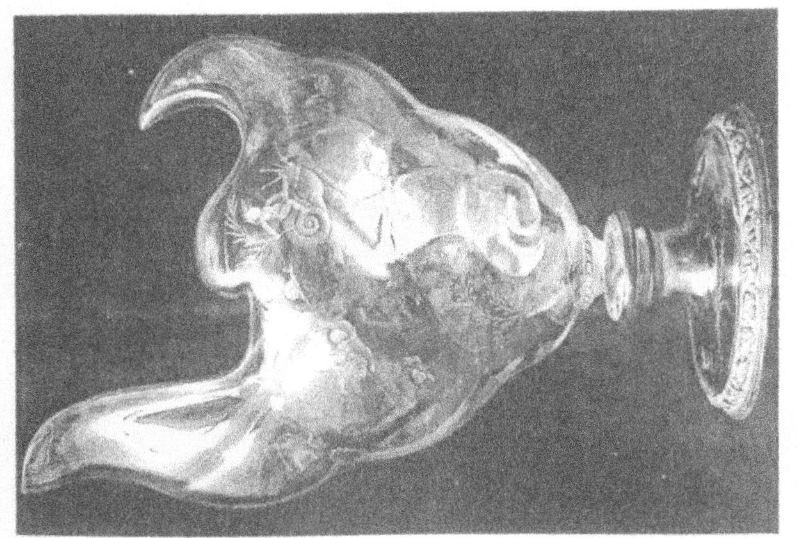

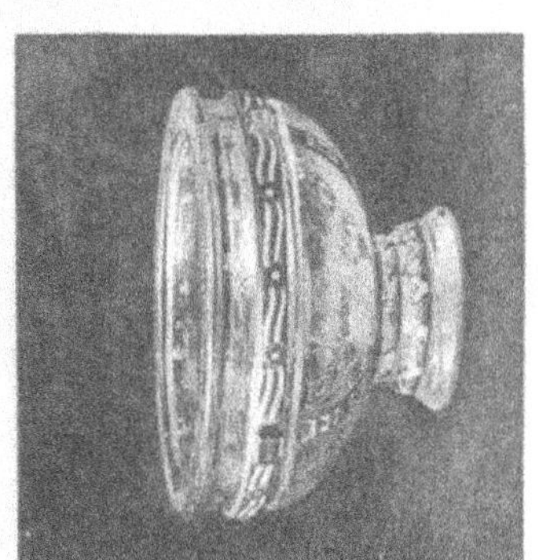

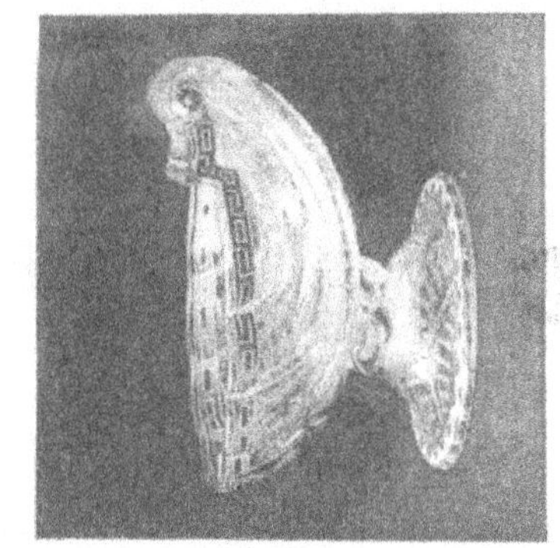

ÉMILE GALLÉ.
Vases émaillés et gravés.

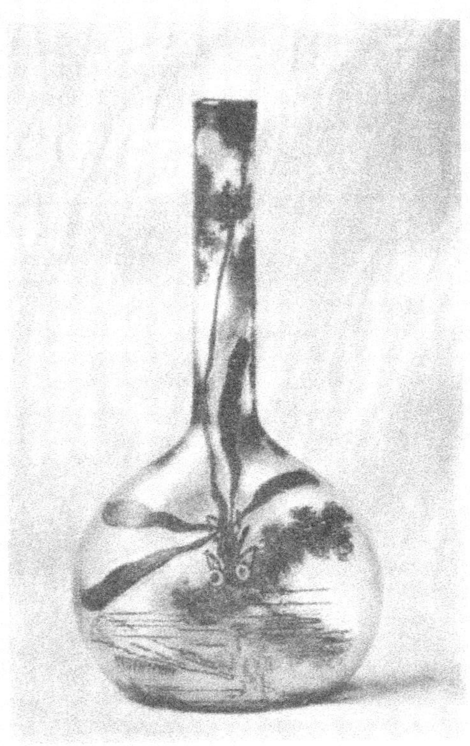

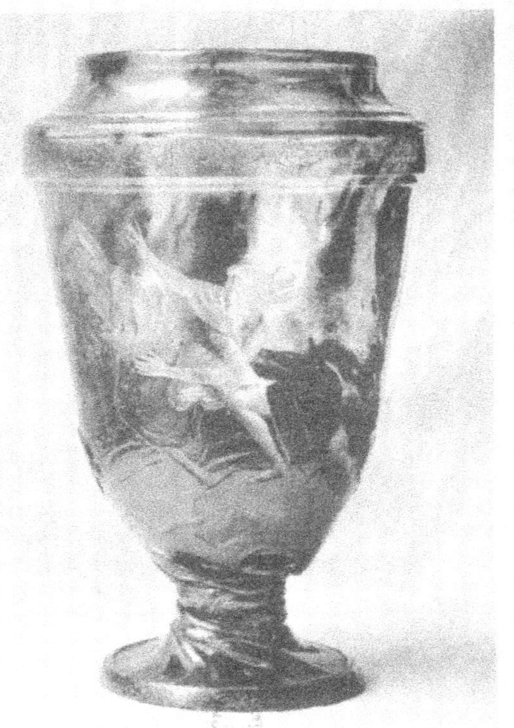

ÉMILE GALLÉ.

A. — Le vase *Orphée*, 1889.   B. — Libellule volant sur les eaux.

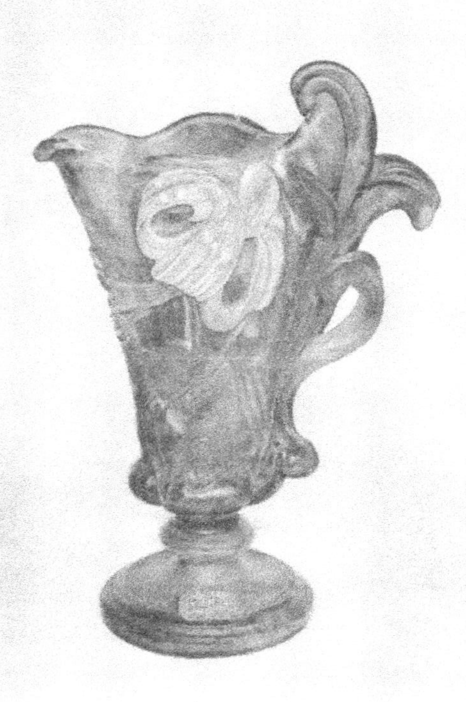

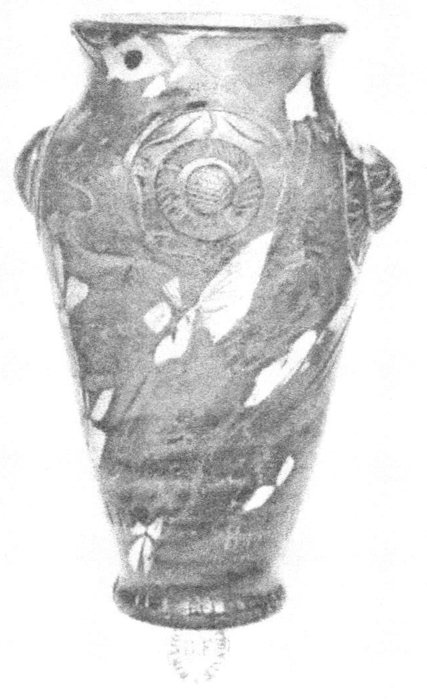

EMILE GALLÉ.

A. — Vase à incrustations

B. — *Le lys*, 1906.

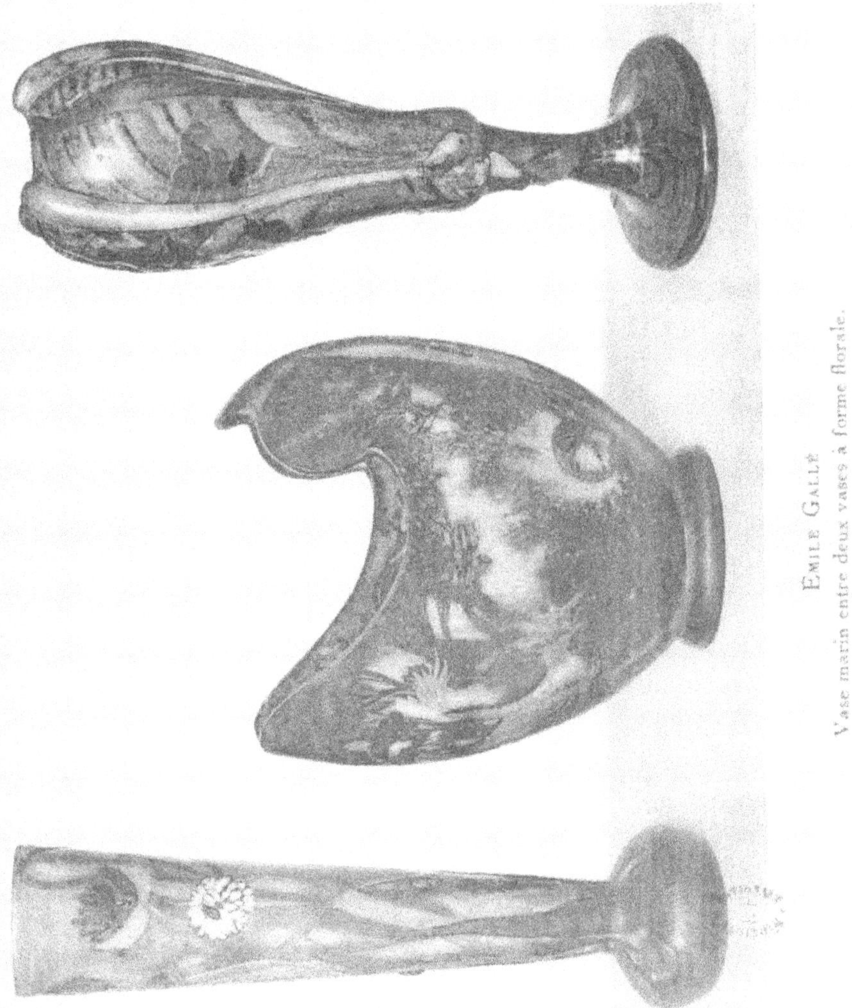

EMILE GALLÉ

Vase marin entre deux vases à forme florale.

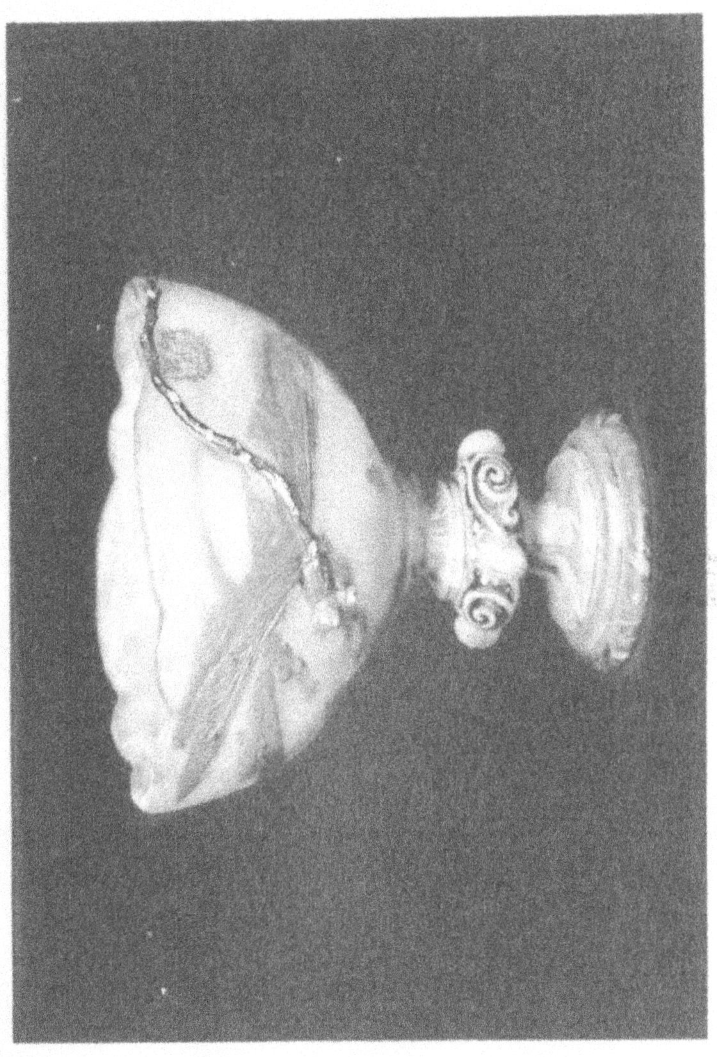

ÉMILE GALLÉ.

La Libellule.

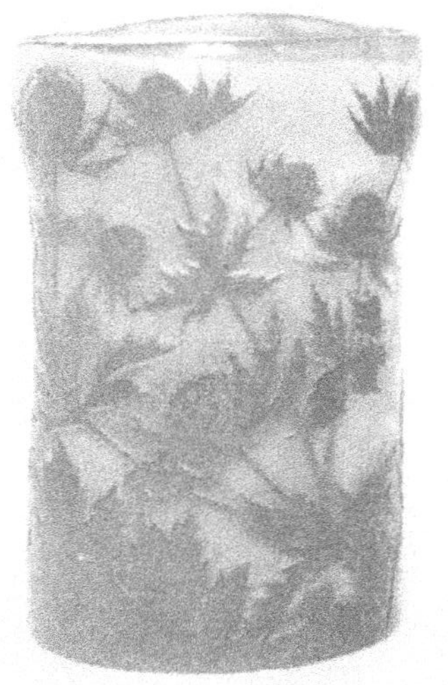

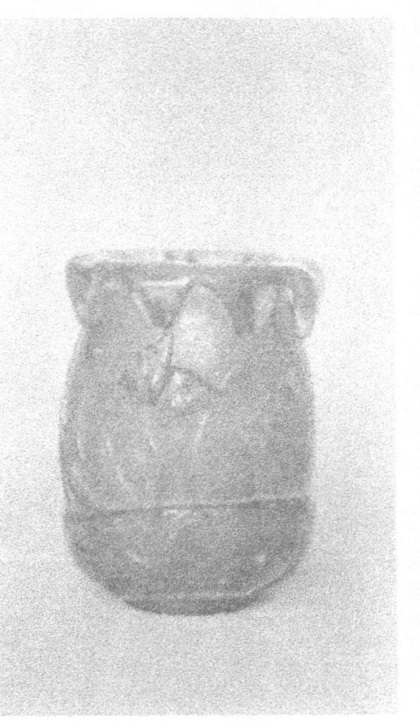

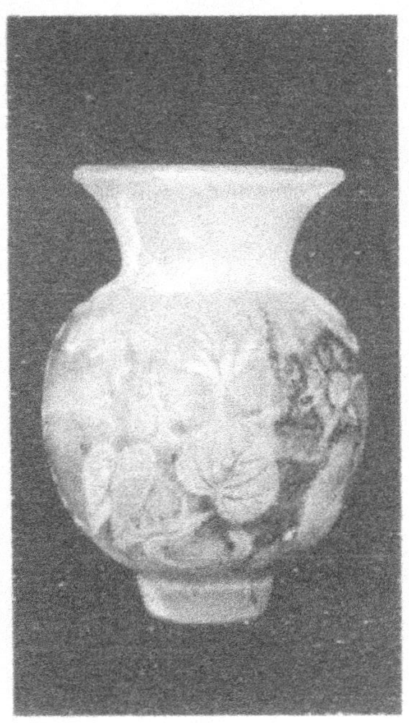

Émile Gallé

A. — Les Chardons noirs, 1906.   B. — La soldanelle des neiges. 1892.   C. — Liseron d'octobre, 1892.

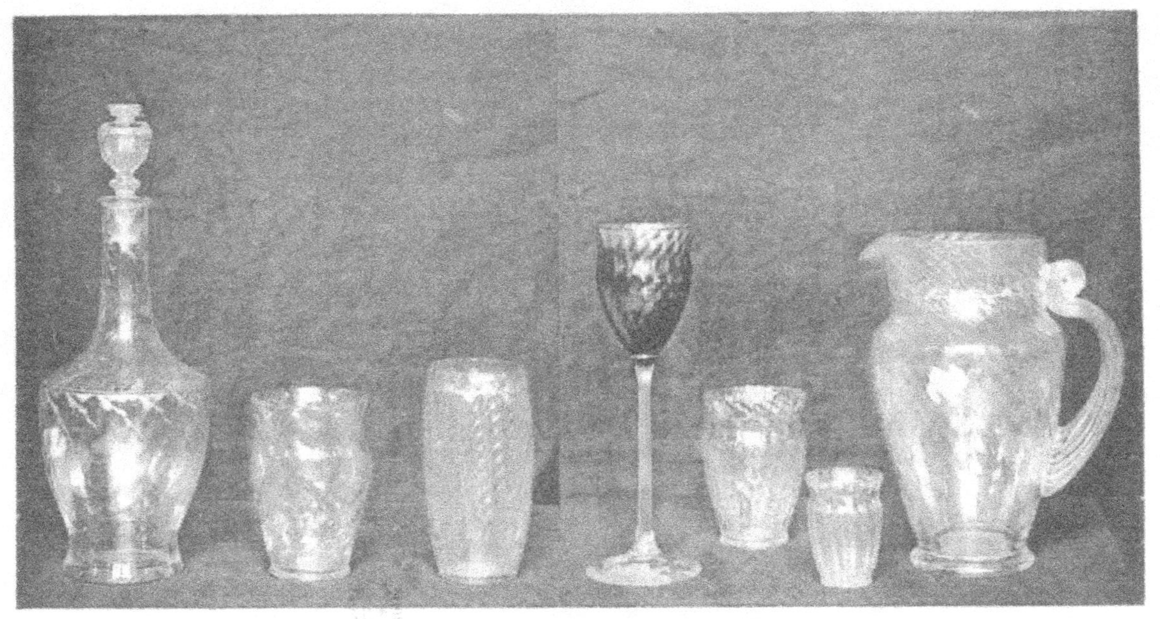

ÉMILE GALLÉ.
Verrerie de table.

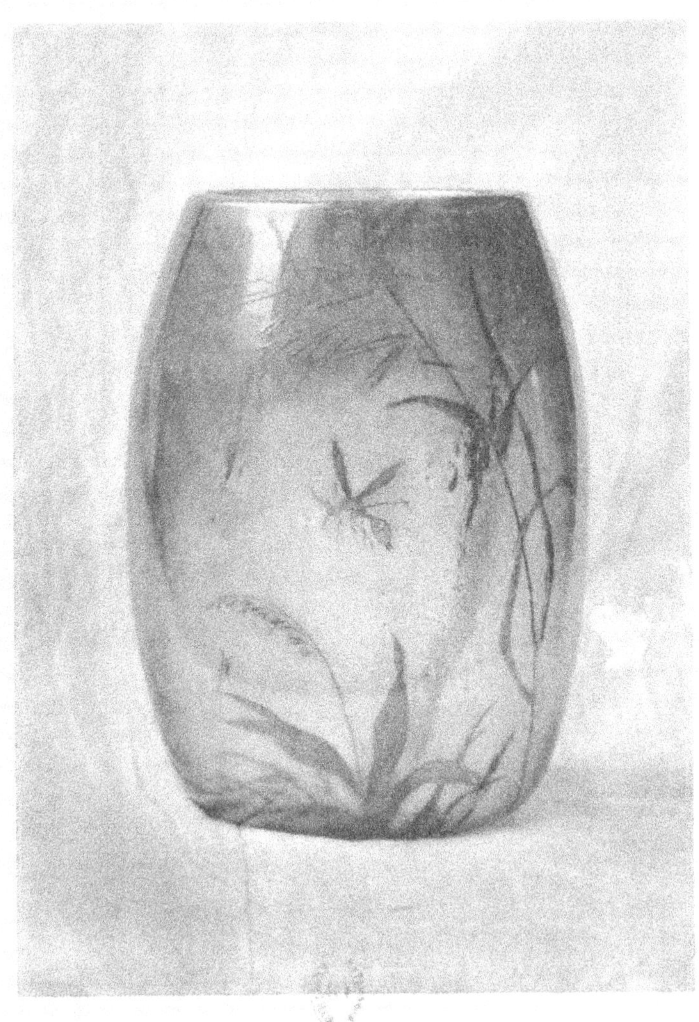

REYEN.
Vase à plusieurs couches, 1894.

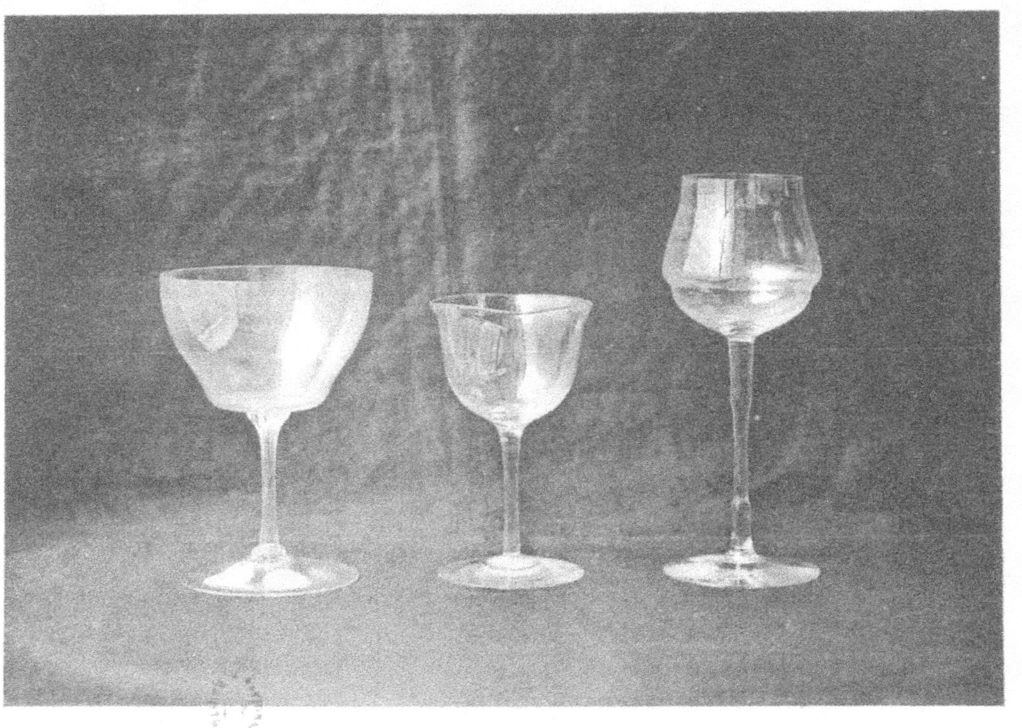

De Feure.
Verres à pied.

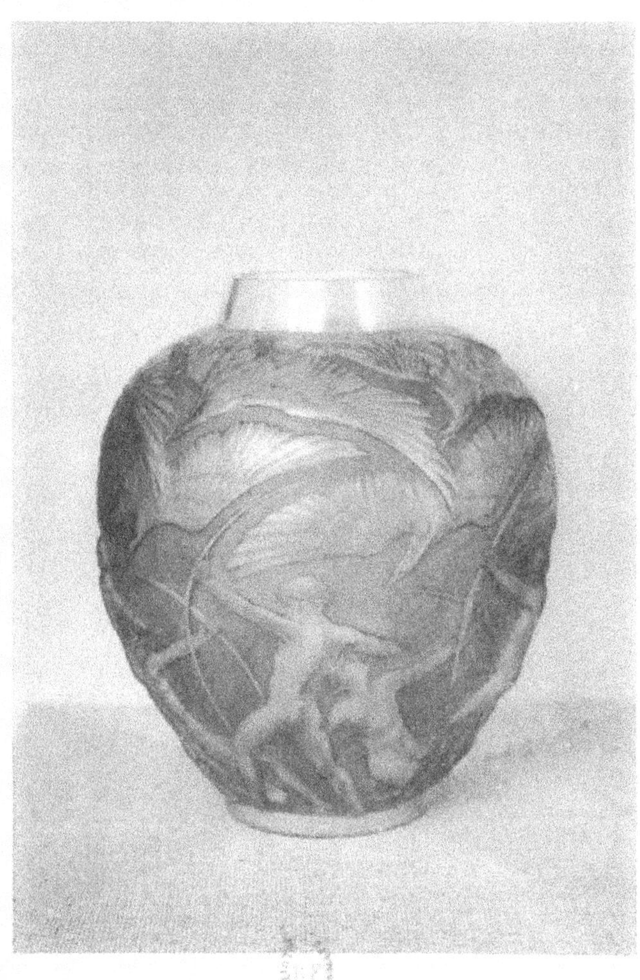

Lalique.
Les chasseurs.

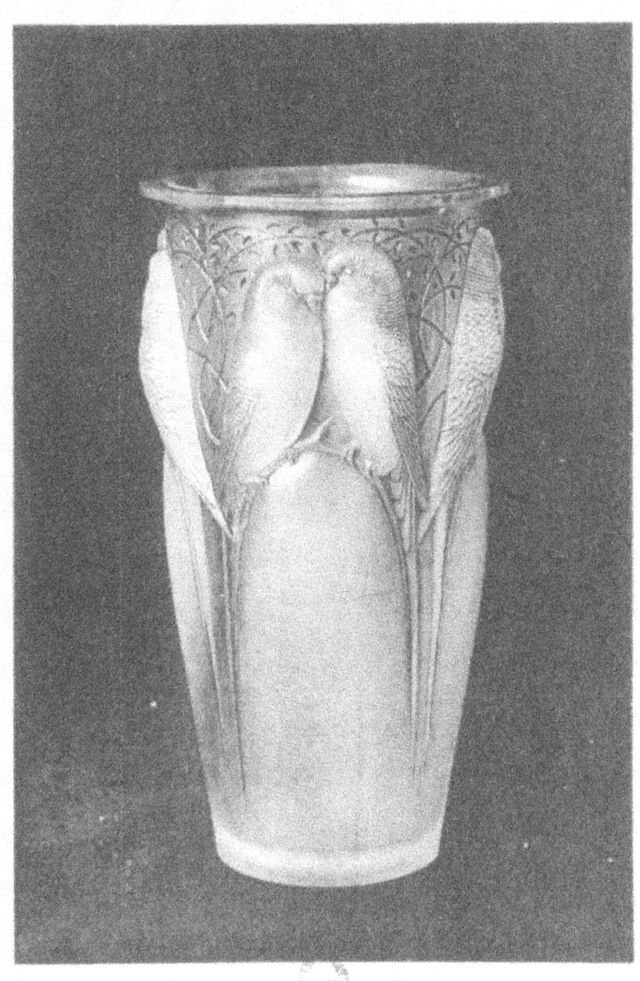

LALIQUE.
Les perruches.

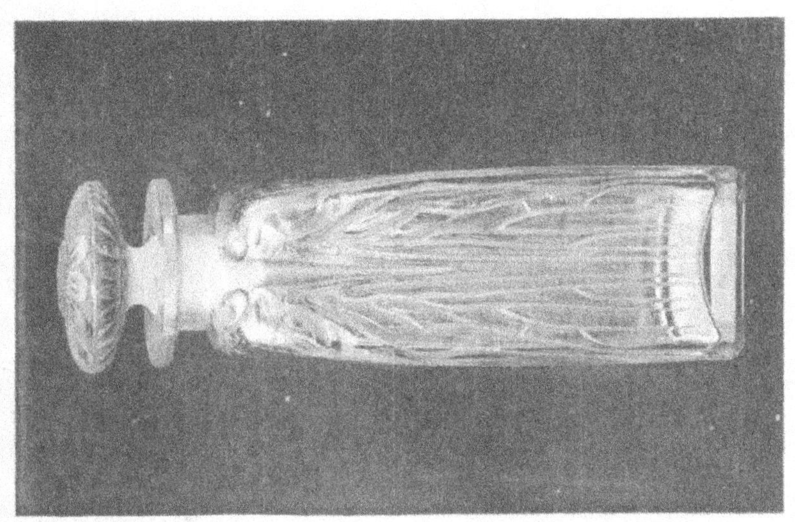

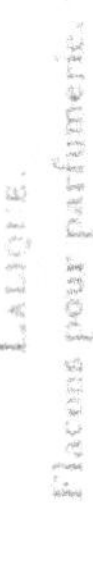

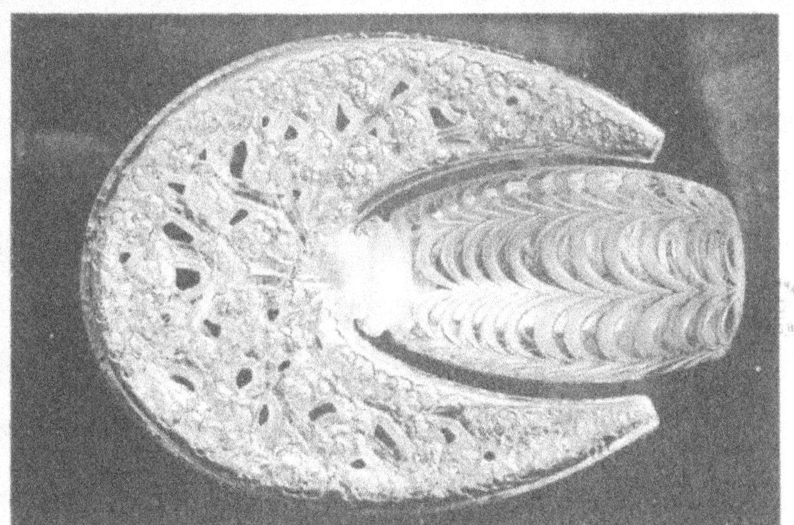

LALIQUE.

Flacons pour parfumerie.

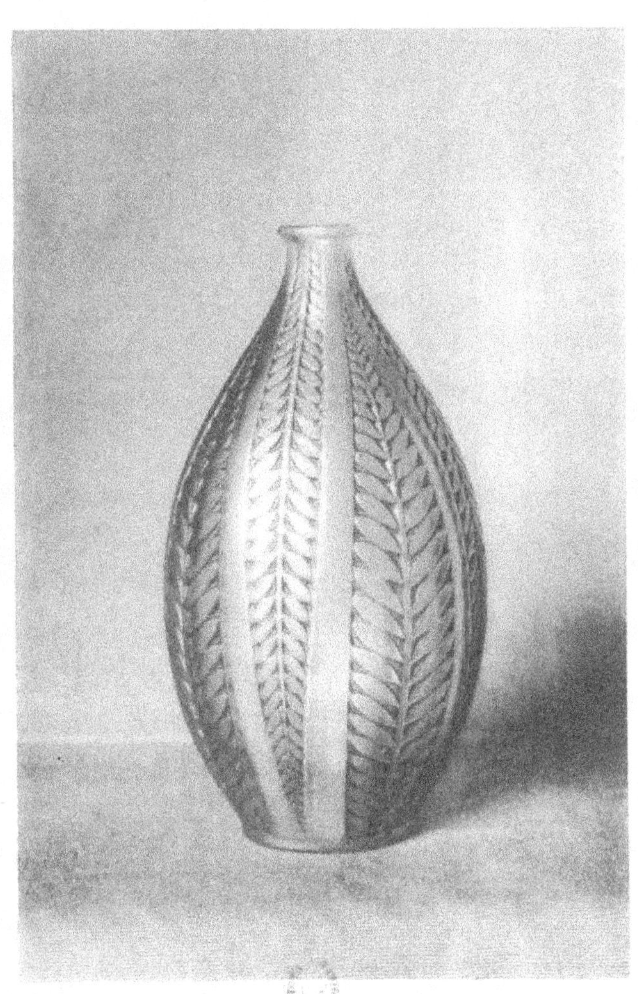

LALIQUE.
Vase Soliflore.

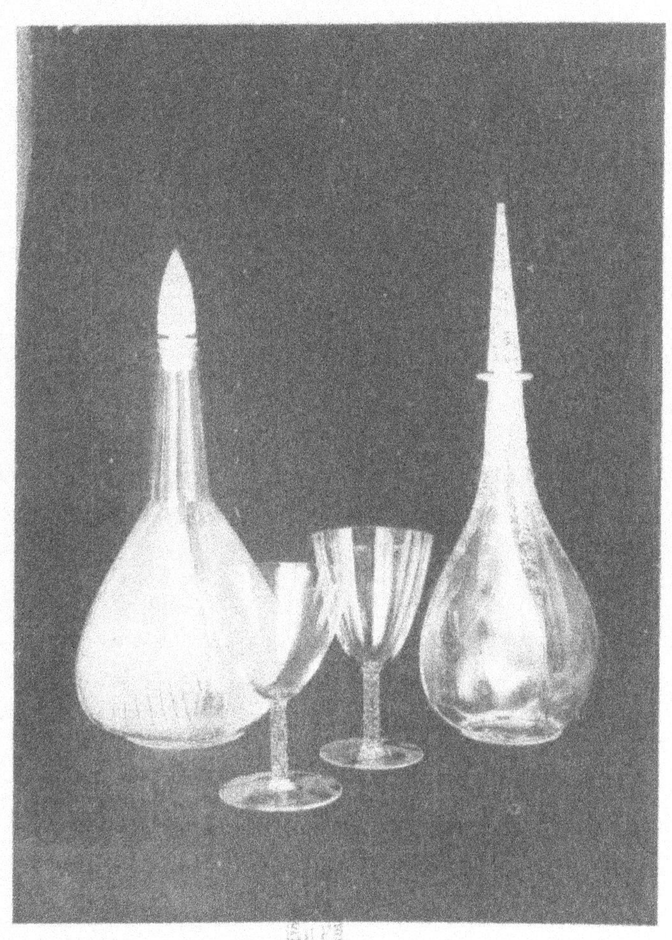

LALIQUE.
Verrerie de table.

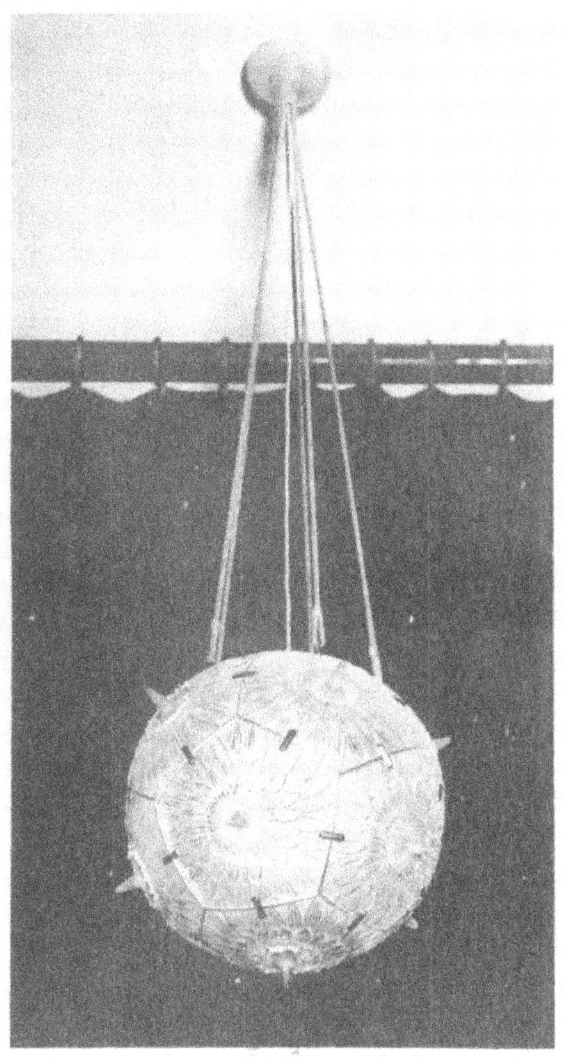

Lalique.

Appareil d'éclairage.

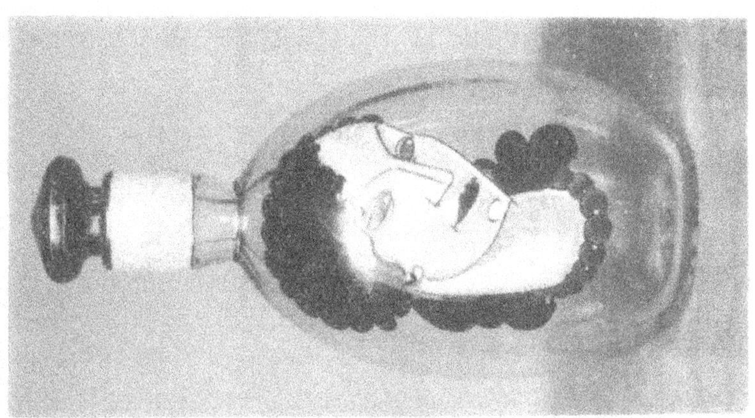

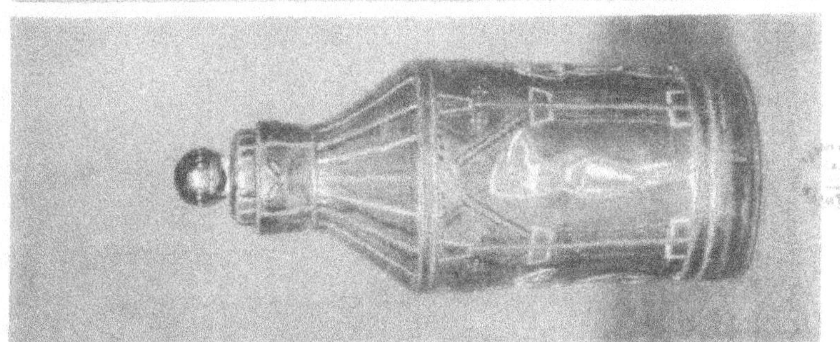

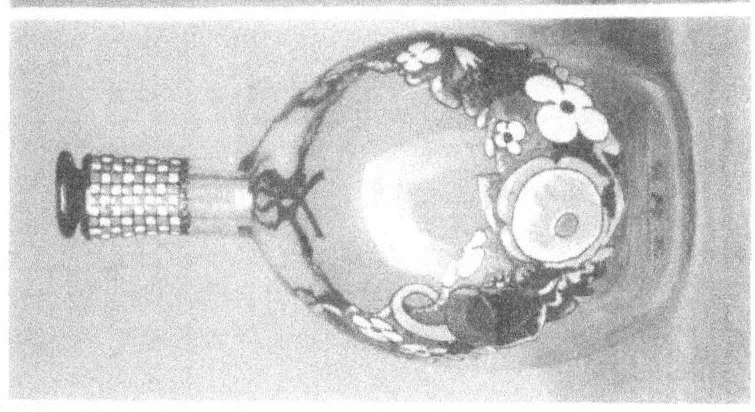

Flacons décorés d'émaux opaques.

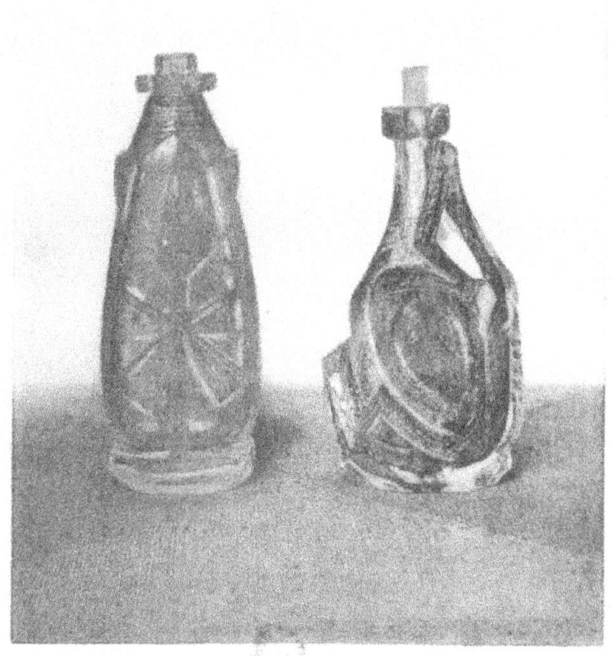

MARINOT.
Flacons gravés à l'acide.

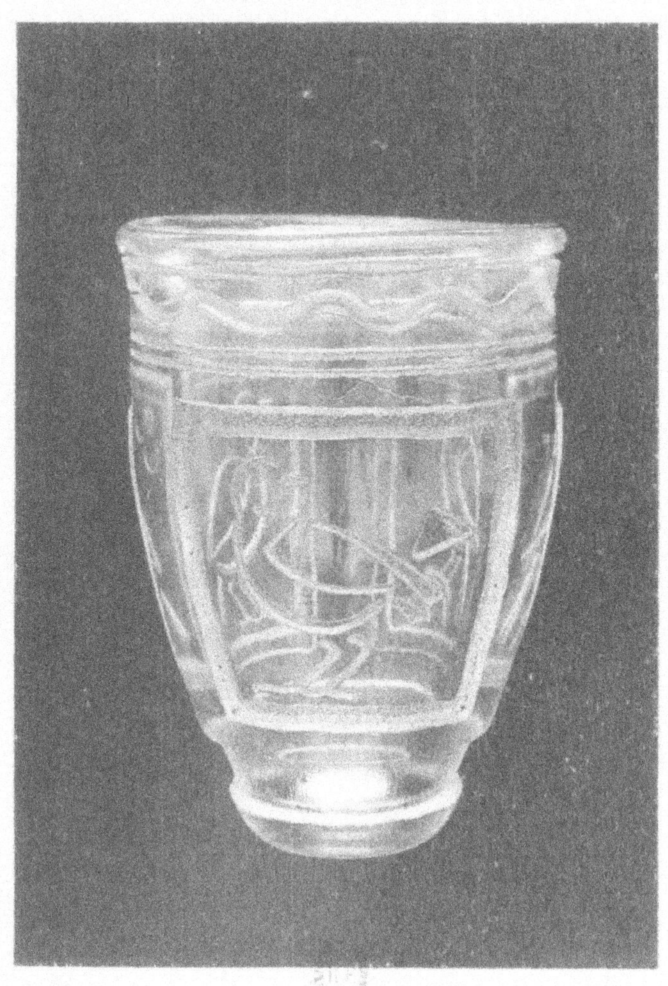

MARINOT.
Vase à l'oiseau.

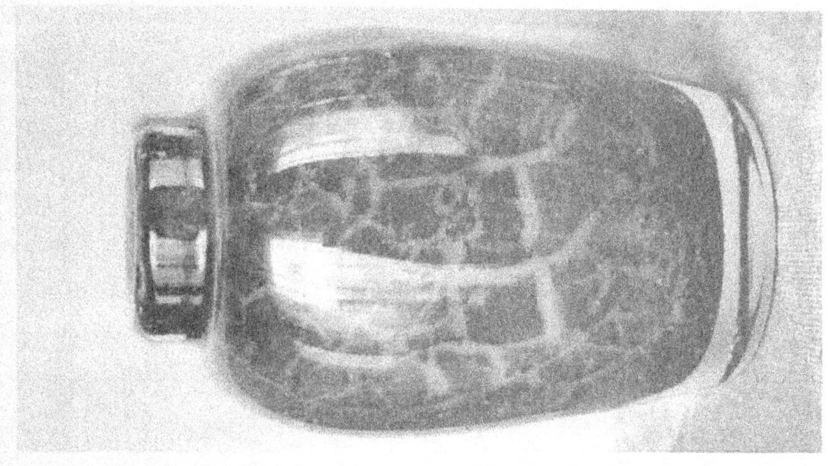

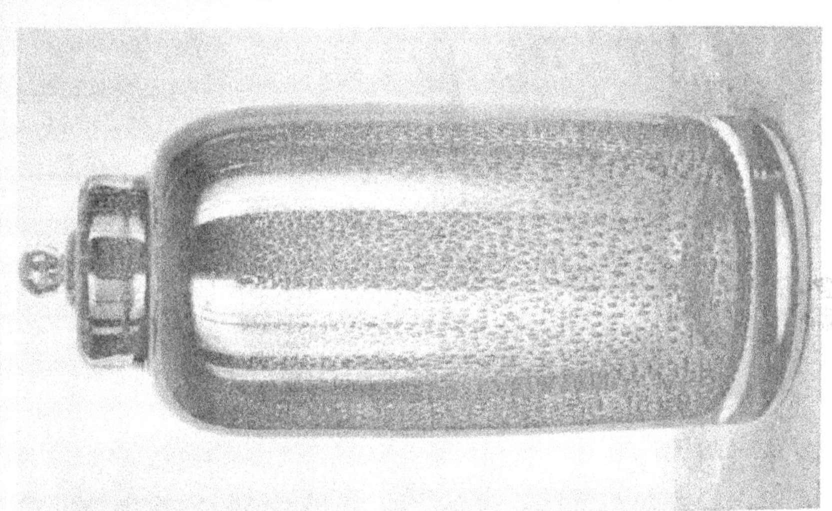

MARINOT.

A. — Vase à bulles. B. — Vase à plusieurs couches.

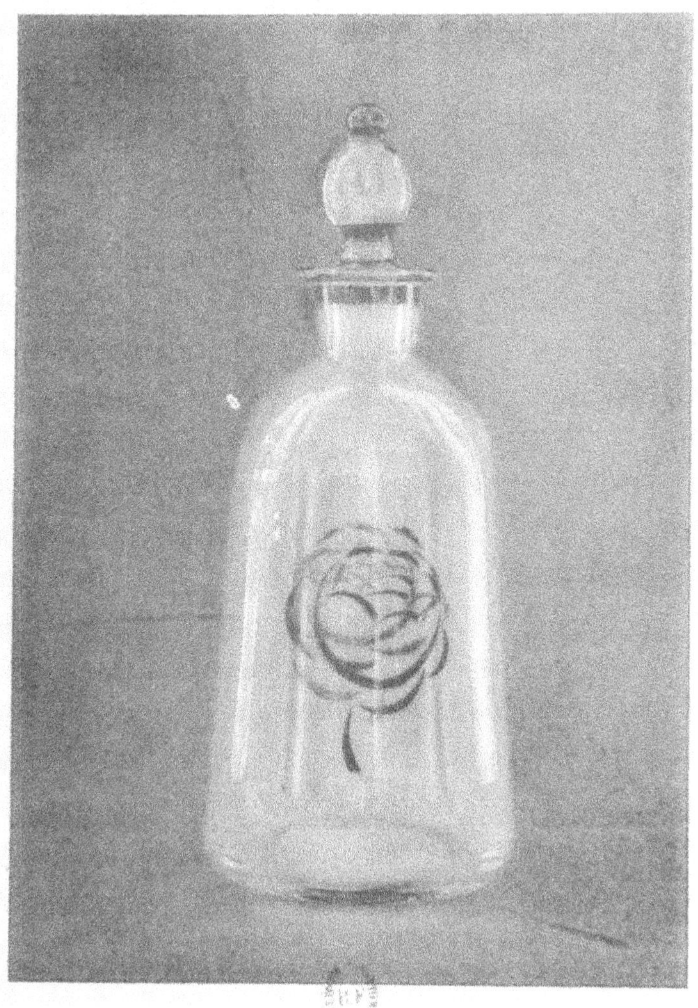

LUCE.

Flacon à la rose.

Hélio. Faucheux, Chelles

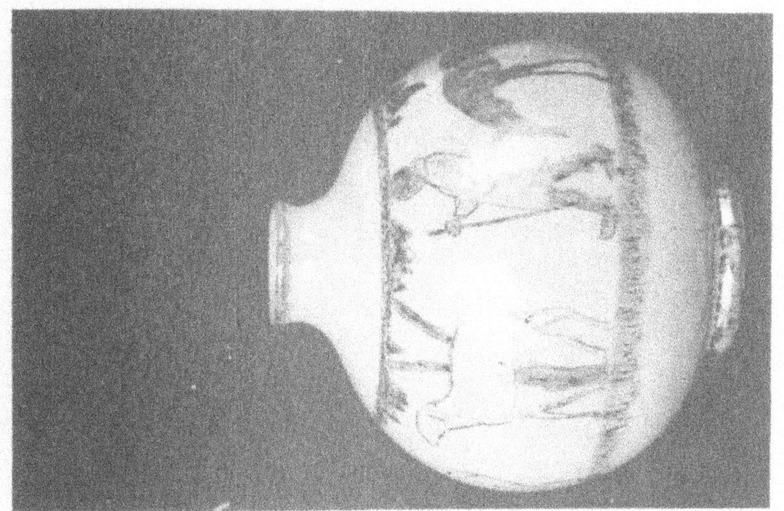

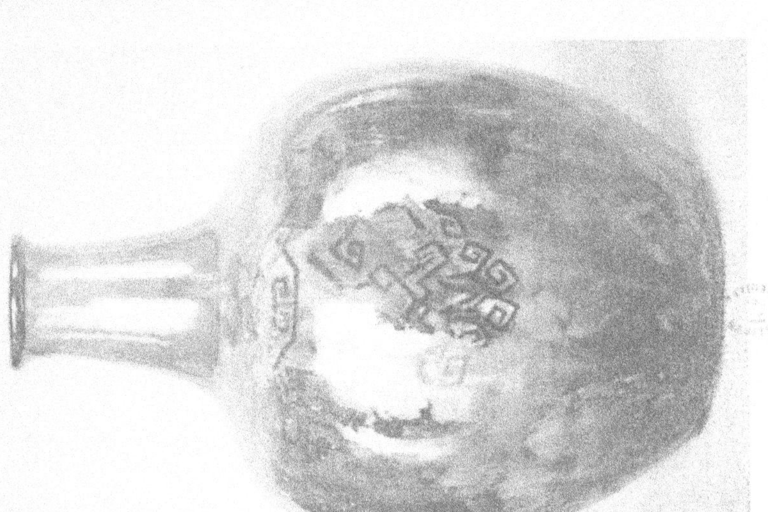

GOUPY.

Vases décorés d'émaux.

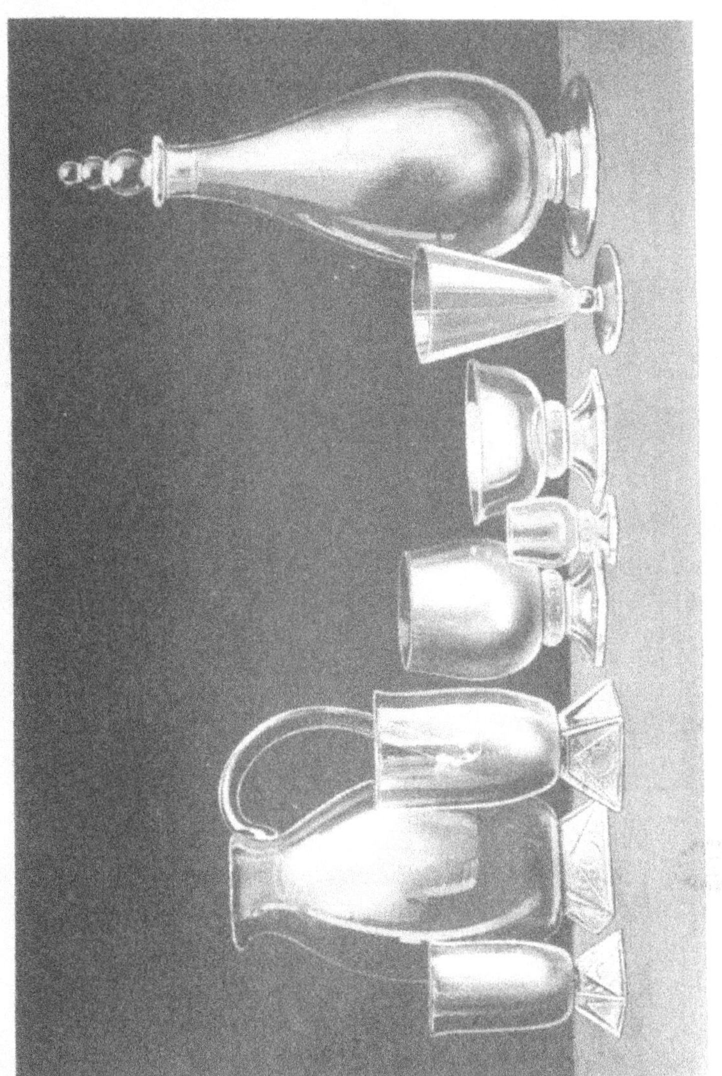

GEORGES CHEVALIER

Services de table édités par Baccarat.

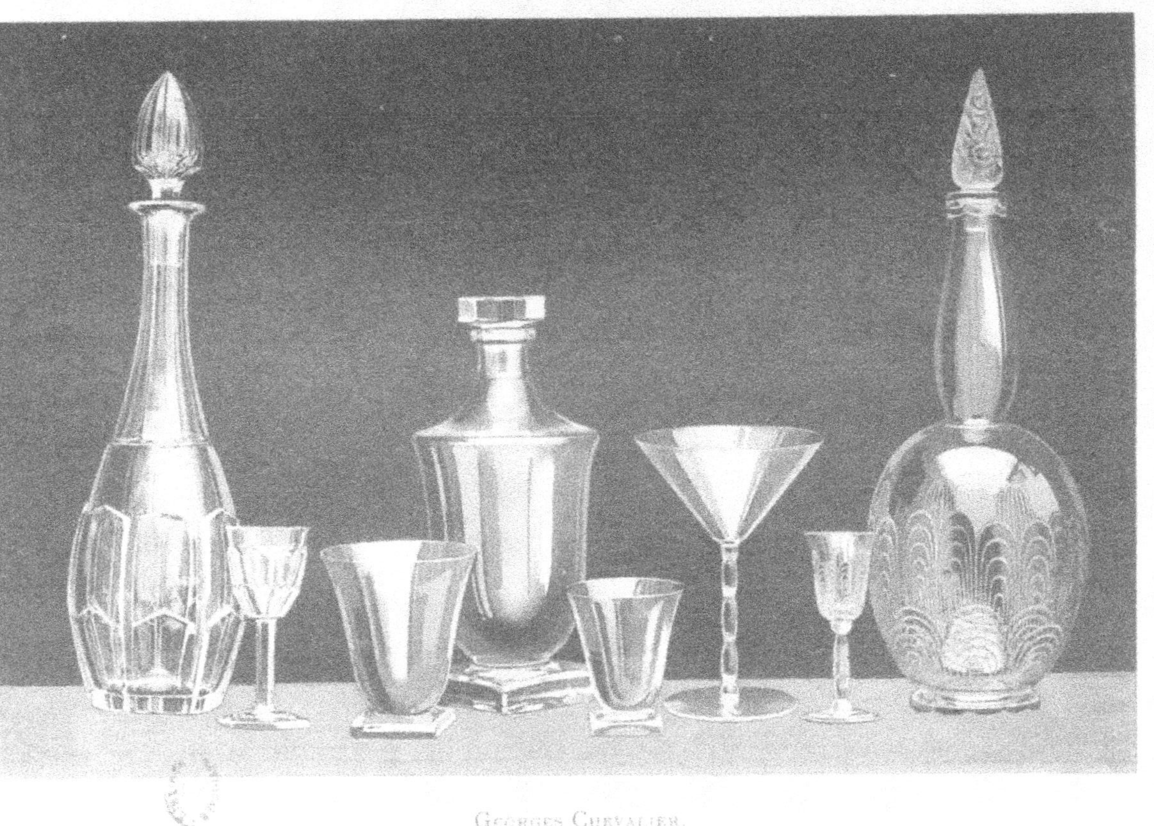

GEORGES CHEVALIER.

Services de table édités par Baccarat.

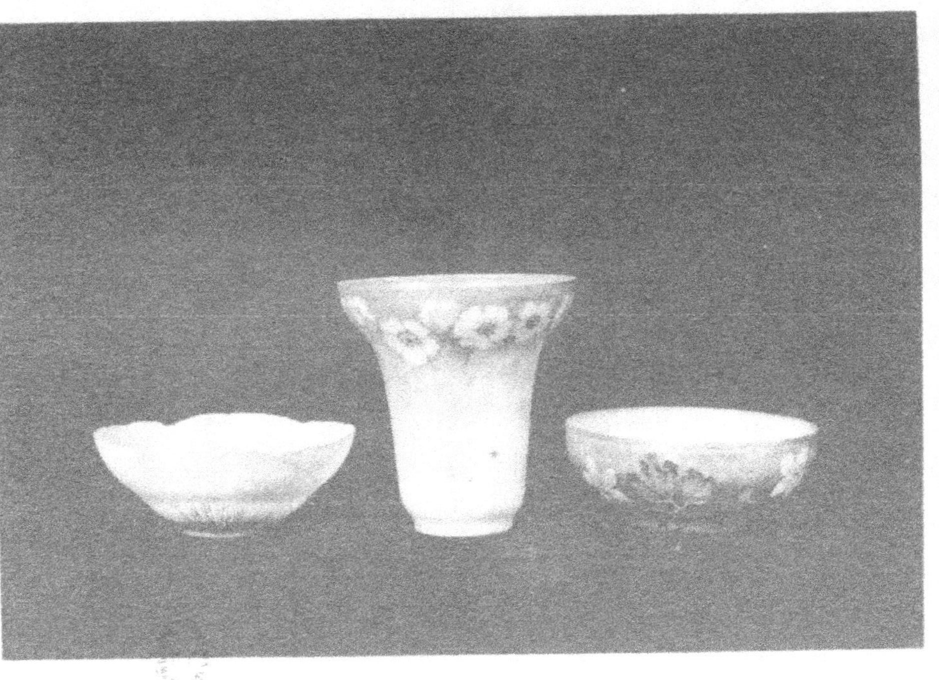

DAMMOUSE.

Coupes et gobelet, pâte de verre.

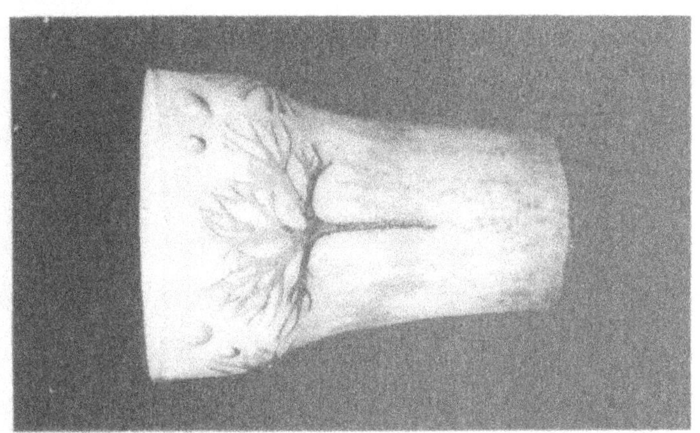

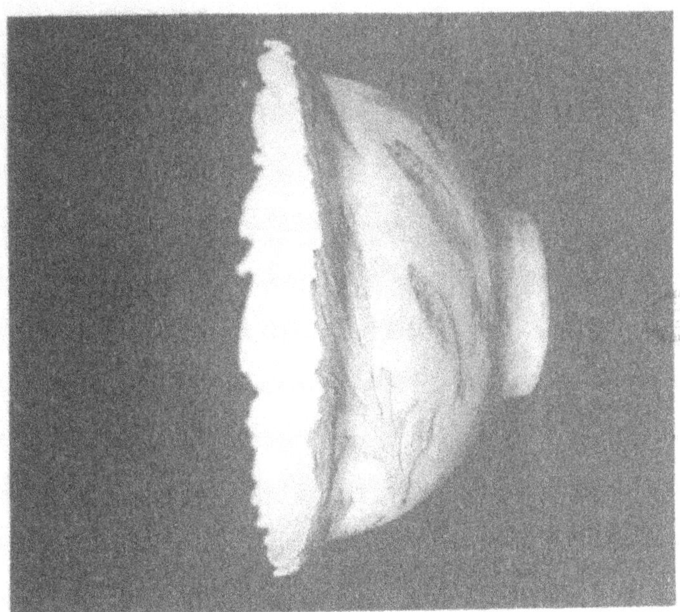

DAMMOUSE.

Coupe et gobelet, pâte de verre.

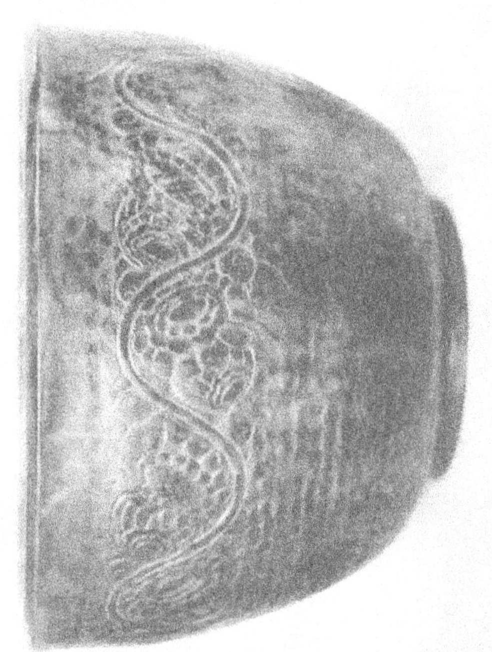

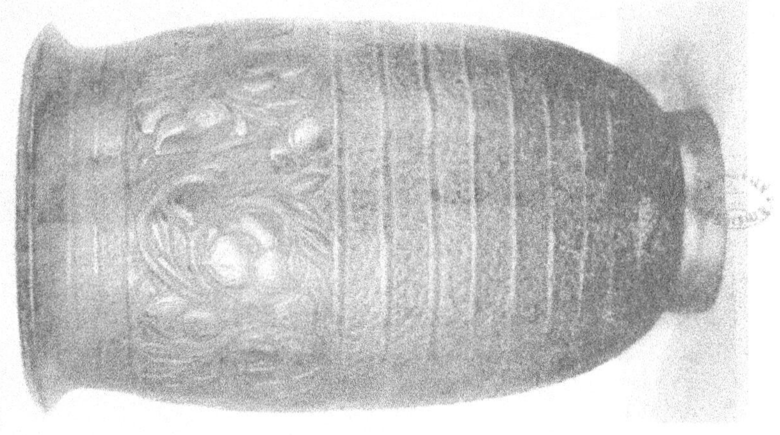

DÉCORCHEMONT.

Vases, pâte de verre moulée.

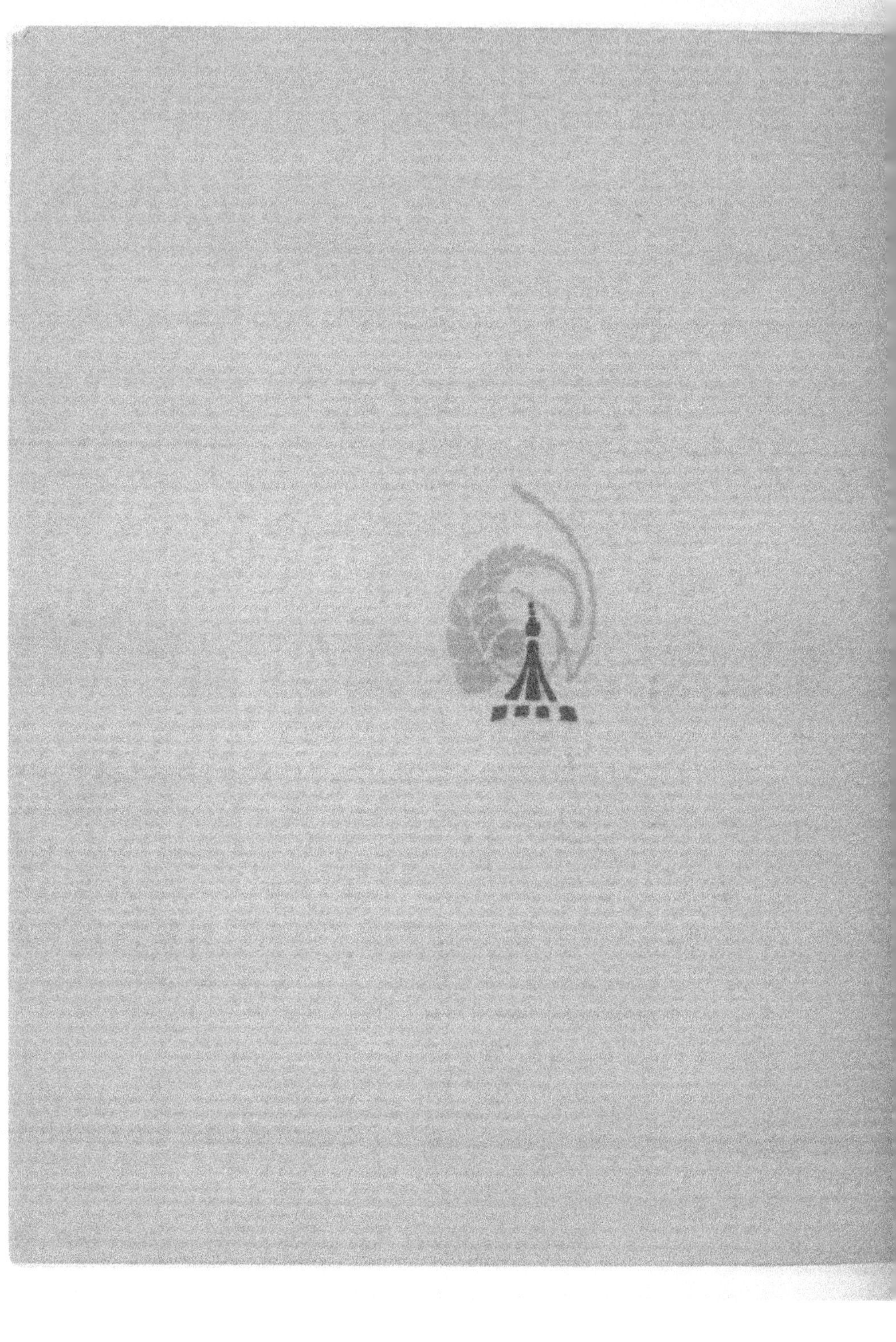

www.ingramcontent.com/pod-product-compliance
Ingram Content Group UK Ltd.
Pitfield, Milton Keynes, MK11 3LW, UK
UKHW022036170726
13837UKWH00002B/634